脅かされる信教の自由

安倍元首相暗殺後の日本

まえがき

2022年7月8日、奈良市で参院選挙遊説中の安倍晋三元首相が凶弾に倒れた事件は、国内外に大きな衝撃を与えた。民主主義への重大な挑戦と、政治家やマスメディアは暗殺犯、山上徹也被告（当時41歳）を非難した。しかしその動機について、「母親が入信していた宗教法人・世界平和統一家庭連合（家庭連合）への恨みがあり、安倍元首相が同教団と深いつながりがあると考えた」との供述が奈良県警からリークされると、メディアは一斉にその矛先を家庭連合に向け、家庭連合バッシングが始まった。

政治家が家庭連合やその関連団体と何らかの接点があるだけで槍玉にあげられた。そんな常軌を逸した魔女狩り的報道が過熱する中、岸田文雄首相（当時）は同年8月31日、家庭連合との「関係断絶」を宣言。さらに翌23年10月には、家庭連合の解散命令請求にまで突き進んだ。

宗教法人法の解散命令請求は、信教の自由に関わる重大問題である。これまで解散を命じられたのは、オウム真理教と明覚寺の2例のみで、いずれも刑法違反が根拠だった。岸田首相は当初、解散請求の要件に「民法の不法行為は含まれていない」との従来の法解釈を踏襲し、家庭連合は「解散請求にあたらない」と閣議決定した。しかし、岸田首相はそれを一夜にして覆し、「民法上の不法行為も対象となり得る」と解釈変更をしたのである。解散命令請求の決定前には、その当否を問う文科相の諮問機関である宗教法人審議会が開かれたが、宗教界から選出された委員の中には、政府見解の変更に納得できない委員もいた。これに対し、文化庁の担当者が委員を回り「(教団に何もしなければ)内閣が飛んでしまう」と説得にあたったことも明らかとなっている。

前代未聞の朝令暮改とその後の動きは、法治国家の基礎を揺るがすだけでなく、時の政権が政治的理由から特定教団をターゲットに解散命令請求を行うという、信教の自由を脅かす悪しき前例となった。本書では、家庭連合バッシングの中で、いかに信教の自由が踏みにじられているかを報告するとともに、なぜこのようなことが起きるのか政治的、社会的背景に迫った。

岸田政権の暴走の背景には、マスメディアの客観性、公平性を放棄し、一線を超えた報道があった。「献金被害」やいわゆる「宗教2世」に関する問題でも、元信者の声ばかりを報じ、現役2世信者の声は無視された。本書では元信者、現役を含めた2世の声や、等身大の姿も紹介する。

家庭連合の解散命令請求をめぐる動きは、わが国の宗教界全体に関わる信教の自由の危機として捉え、警鐘を鳴らす国内の宗教人や有識者は少なくない。海外の宗教者や人権活動家は、より深刻に事態を受け止め、日本政府を厳しく批判している。その中には、①家庭連合信者に対して重大な人権侵害にあたる拉致と強制棄教（ディプログラミング）が一部のキリスト教牧師らの手によって行われたのを放置したこと、②これによって教会を離れた元信者らが家庭連合に対する献金の返金請求などを巡る民事訴訟を起こしたこと、③それらが「民法上の不法行為」として解散請求開始の根拠となっている、などといった本質的な指摘がある。海外からのこうした指摘は、日本の信教の自由に対する認識が残念ながら世界標準から遠いことも浮き彫りにしている。

本書は2024年に世界日報に58回にわたって連載された「脅かされる信教の自由―安倍元首相暗殺2年の日本―」と随時掲載された記事やインタビューをまとめたものである。戦後日本は民主国家として繁栄し、自由主義陣営の重要な一翼を担ってきた。その基礎にあった信教の自由が、いま深刻な危機に直面している。日本が世界に誇れる民主国家、文化国家であり続けるために、本書を通し、その現実を少しでも多くの人に共有してもらいたいと願っている。

世界日報信教の自由取材班キャップ　藤橋　進

目次——脅かされる信教の自由　安倍元首相暗殺後の日本

第３章　信者への差別・人権侵害

第6章　宗教者の声

＊本書は、令和6年（2024年）7月1日から12月26日まで世界日報に掲載された連載企画「脅かされる信教の自由―安倍元首相暗殺2年の日本―」とこれに関連する記事に、一部加筆・修正を加え、再構成したものです。肩書、データなどは掲載当時のまま使用しています。

第1章

岸田政権の暴走

全国弁連とマスコミ報道鵜呑み——内閣改造で公正さ捨てる

選挙遊説中の安倍晋三元首相が暗殺されて、はや2年となる（2024年現在）。事件をきっかけに山上徹也被告が恨みを持っていたとされる世界平和統一家庭連合（旧統一教会、家庭連合）への非難・攻撃が強まり、岸田文雄政権は、同教団の解散命令請求に突き進んだ。法的根拠が不確かなまま、特定宗教団体が標的とされることで、戦後の日本の繁栄の基礎となった信教の自由は重大な危機に直面している。

＊　＊

「私個人は、知り得る限り、当該団体とは関係ない。…国民の疑念を払拭するため、今回の内閣改造に当たり、私から閣僚に対しては、政治家としての責任において、それぞれ当該団体との関係を点検し、その結果を踏まえて厳正に見直すことを言明し、それを了解した者のみを任命した」

2022年8月10日、岸田文雄首相は参院選後の内閣改造を実施するに当たり、家庭連合との関係見直しが任命条件であることを言明した。首相は、「社会的に問題が指摘されている団体との関係については、国民に疑念を持たれるようなことがないよう十分に注意しなければならない」と述べ、家庭連合が「社会的に問題が指摘されている団体」であるが故の措置であると述べた。

家庭連合と関係のあった議員は入閣させないというのは、行政のトップである首相が特定宗教を排除することに繋がり、憲法で保障された信教の自由に抵触する重大な措置である。しかも、その根拠は「社会的に問題が指摘されている」という、判断の責任を他者に委ねる極めて曖昧なものだ。

安倍元首相が凶弾に倒れてから1カ月が過ぎ、7月10日投開票の参院選挙で圧勝した岸田首相（自民党総裁）は、7月中旬までの世論調査で、内閣は高支持率を維持していたが、事件後、家庭連合と自民党との関係がメディアで盛んに報じられ、だんだん雲行きが怪しくなりつつあった。

安倍元首相銃撃犯の犯行動機について、母親が入信した家庭連合に対する「恨み」であることを事件当日の夜に奈良県警関係者がリーク。これに飛びついたマスコミが家庭連合報道を過熱させると、１９８７年の設立以来、教団に敵対する立場で活動してきた全国霊感商法対策弁護士連絡会（全国弁連）の紀藤正樹弁護士などがテレビ番組や、立憲民主党、共産党などの政党ヒアリングにも積極的に顔を出してマスコミの批判報道をリードした。

全国弁連はそれまで35年間、いわゆる霊感商法関係の訴訟、家庭連合の元信者や現信者の家族・親族と教団との訴訟などを一手に引き受けてきたので、教団と関係する訴訟関連の情報をほぼ独占していた。「霊感商法の過去35年間の被害総額は１２３７億円」「これは被害の一部で、仮に10分の1だとしても、1兆円を超える被害が過去に起きている」（紀藤氏）など、全国弁連の主張が一方的にマスコミにより拡大されていった。

そういう中で誕生したのが第2次岸田内閣だった。ところが、ふたを開けてみると、任命した閣僚と教団との〝関係〟が次から次へと明らかになり、首相は釈明と対応に追われるようになる。

岸田首相の最大の過ちは、「社会的に指摘されている」問題の真偽を政府として確かめることをせず、教団側と敵対関係にある一部弁護士団体の主張と、それを元にした報道を鵜呑みにしたことであった。支持率の低下に慌てふためき、行政府の長として守るべき公平・公正を放棄したのである。

しかも、これには笑えないオチが付く。記者会見で岸田首相自身の家庭連合との関係について、「私個人は関係ない」と述べたが、全く事実に反していたことが朝日新聞の報道（23年12月4日付）で明らかになる。

岸田首相は、自民党政調会長だった19年10月、自民党本部で、ニュート・ギングリッチ元米下院議長と面談した際、同席した家庭連合の友好団体、天宙平和連合（ＵＰＦ）ジャパンのトップらと面談し、名刺交換もしている。これを追及された首相は自分が言ったことを忘れたかのように、「承知していない」と開き直るばかりだ。

家庭連合との関係を見直さない議員を閣僚から排除するというのは、世論対策上の一種の緊急避難的措置の性格もあったと思われる。しかし、内心に打算を秘めた岸田首相の場当たり的ポピュリズムの手法は、政治の劣化を招くだけでなく、基本的人権、信教の自由、法の下の平等など日本社会の根幹を揺るがすものとなっている。

自由侵害する「関係断絶」

２０２２年8月31日、新型コロナ感染から公務復帰した岸田文雄首相は、官邸で記者会見し、自民党総裁として家庭連合との関係断絶を宣言した。首相は茂木敏充幹事長に、「所属国会議員は、過去を真摯に反省し、当該団体との関係を絶つ、これを党の基本方針として、徹底する」よう指示したことを表明した。

この時、岸田首相は、自由と民主主義を標榜する公党が、特定の宗教団体との関係を断絶すると宣言することの深刻な意味を理解していたのだろうか。民主主義の日本では政治家が宗教団体と関係を持つことは自由である。相手が反社会的勢力である場合は例外的に関係を持つこと（接触）自体が問題とされるが、家庭連合に対しては「社会的に問題が指摘される団体」という曖昧な根拠から断絶を宣言した。

全国弁連や共産党はかねて、家庭連合は反社会的団体であり、国会議員が関係を持つことは教団に「お墨付きを与え」、「広告塔になる」ことだと主張していたが、岸田首相はそれに完全に同調したことになる。

　霊感商法問題がマスコミを騒がせていた1987年7月10日、国会で共産党の参院議員が家庭連合（当時、世界基督教統一神霊協会＝統一教会）の友好団体、国際勝共連合について「総理、自民党総裁として、今後、きっぱり手を切ると明言されますか」と質問した時、中曽根康弘首相（当時）はこう答弁した。

「一部団体との関係について、自民党は縁を切れとかなんとか言っておられますが、これは思想と行動の自由に対する重大なる侵犯発言である…。共産党の独裁的な政策のあらわれではないか…」

　中曽根氏は、党総裁として一団体と手を切る（関係断絶する）と表明することが、当該団体や自民党議員個々人の「思想と行動の自由に対する重大な侵犯」になることを理解していたのだ。

　茂木幹事長は岸田首相の指示に従い、所属国会議員379人全員に対して、「旧統一教会及び関連団体との関係について」とする8項目からなる設問用紙を送って回答を求めた。その内容は、「旧統一教会主催の会合への出席」「選挙におけるボランティア支援」など、政治家として何ら問題のない行動だ。

「会合への祝電・メッセージ等の送付」などまで問題視する、キリシタン弾圧時代の宗門改めのようなことを自民党がやりだしたのだ。

自民党は９月８日、調査結果を公表し、教団との関係断絶をガバナンスコード（統治指針）に盛り込んで徹底させる方針を発表した。この手法は、共産党の主流派が路線転換の際に反主流派を軍門に下らせるために行う「自己批判」と「党規律への服従」要求と全く同じやり方だ。

自民党は、国民政党としてさまざまな宗教や思想を背景に持つ党員や支持者に支えられてきた。その幅の広さが、党の活力源の一つだった。なりふり構わぬ一宗教団体の排除は、自由と民主主義を標榜する党の自殺行為に等しい。

河野消費者相の越権行為

家庭連合との関係を断った第２次岸田改造内閣は、法相主宰の「旧統一教会」問題関係省庁連絡会議を設置し、２０２２年８月18日、第１回会合を開いた。教団関係の被害者救済に政府が連携して当たることが目的だが、特定教団を名指しし、オール霞が関で当たろうというのだ。

その一方で、消費者担当相に就任した河野太郎氏は８月29日、消費者庁の第１回「霊感商法等の悪質商法への対策検討会」を開いた。冒頭で河野氏は「霊感商法は物品の販売だが、寄付の問題も指摘されている」として、寄付も検討の対象とすると述べた。さらに「場合によっては、消費者庁の担当の枠を超え」た論議を注文した。

河野氏の挙げた「寄付」行為は、基本的に宗教行為である。それを問題にし、制限を加えることは、信教の自由に抵触する危険性をはらむ。しかも消費者庁の管轄ではない。「消費者庁の担当の枠を超え」と言ったのはその点を意識したと思われるが、河野氏はスタンドプレーで信教の自由を脅かしたのだ。

検討会委員の構成や運営面も、公正さ・公平性を欠くものとなった。委員は8人だが、全国弁連の紀藤正樹弁護士、日本脱カルト協会代表理事の西田公昭立正大教授、第1回検討会から教団の解散命令請求の必要性を述べ続けた菅野志桜里弁護士、そして、霊感商法と教団を結び付けて批判する意見書を出した日弁連の芳野直子副会長と、家庭連合に敵対的な立場の人物が半数を占める。他は民法専門の教授2人、消費者問題専門家2人で、当然のように紀藤、菅野両氏が議論をリードした。

議論の土台になる霊感商法の被害実態について、家庭連合は「2009年コンプライアンス宣言以降、霊感商法だと損害賠償を求めて訴えたものはない」、全国弁連は「多くの被害が続いている」と正反対の主張をしている。ところが、消費者庁が準備した資料（第1回）は、霊感商法（開運商法）に関する相談金額などを書いているが、家庭連合以外の団体も含み、未分類のものだった。

検討会の誰もそれを突き詰めないまま、①献金やお布施などをどう法的に規制するか②「カ

2022年8月29日、YouTubeで公開された第１回霊感商法等の悪質商法への対策検討会で発言する河野太郎消費者相、画面に映る検討委員の紀藤正樹弁護士（上から３番目）

ルト的な団体による違法な金銭的な搾取をどのように予防・救済するか」（教団への解散命令請求）という２点に論議が集中した。その際、教団関係者に出席を求めたりすることは一切なかった。

特に「個別事案に関する分析と検証」をテーマにした第４回は欠席裁判の様相だった。招かれた全国弁連の郷路征記弁護士が「会員が数万と言われている巨大な組織が、組織として私が言う違法な伝道・教化活動をやっていたということを立証するためには、…僕たちが持っている資料だけでは難しい…」として、「国が積極的に証拠の収集をすることが大切なのではないか」と述べる。これに菅野氏が「そうだとすれば、やはりここは政府の出番だと。宗教法人法第78条の２の質問権や報告徴収権を使えば…」と助言した。

７回の検討会討議の取りまとめに当たったのも、民法専門の座長の河上正二東大名誉教授と宮下修一中央大学教授に紀藤、菅野両氏を加えた4人。そしてまとめられたのが「旧統一教会については、社会的に看過できない深刻な問題が指摘されているところ、解散命令請求も視野に入れ、宗教法人法第78条の2に基づく報告徴収及び質問の権限を行使する必要がある」とする10月17日付の報告書だ。

被害者救済を目的とした検討会が、その分限を超え、教団解散にまで言及したのである。その強権的政治手法に気付く人は少なかった。

「質問権」行使表明の矛盾

岸田文雄首相は2022年10月17日の衆院予算委員会で、政府として家庭連合に対し「宗教法人法に基づく報告徴収及び質問の権限」(質問権)を初めて行使する方針を発表した。ちょうど、河野太郎消費者担当相が消費者庁に設置した「霊感商法等の悪質商法への対策検討会」が家庭連合への質問権行使の必要性を提言する報告書を公開した、その日だった。

首相は、事前に永岡桂子文部科学相に手続きを進めるよう指示しており、「質問権の行使による事実把握、実態解明…をしっかりと進めていかなければならない」と意欲を示した。内閣(8月10日)に続いて自民党まで家庭連合との関係断絶を宣言(同31日)したにもかかわらず、内閣支持率の下落は止まらず、局面転換するための特段の措置が必要だった。それが教団に対する質問権の行使だったのだろう。河野担当相が消費者庁の第7回検討会（10月13日）で報告書の公開日を「月曜（17日）の朝」と指定したのも事前の打ち合わせがあったことを窺わせている。

ただ、政府として十分に準備したものではなかったようだ。

首相は10月14日、立憲民主党の小西洋之参院議員の質問主意書に答えて、家庭連合については「当該解釈を踏まえ、同項（解散命令事由を定めた宗教法人法81条第1項）第一号及び第二号に当たらないと判断した」とする答弁書を閣議決定している。

家庭連合への解散請求を巡る動き

【2022年】

7月8日	安倍晋三元首相が参院選演説中に銃撃され死去 奈良県警関係者が銃撃犯は家庭連合への恨みが動機とリーク
8月10日	第２次岸田文雄内閣発足、教団との関係見直し表明
18日	「旧統一教会」問題関係省庁連絡会議（法務省）
29日	霊感商法等の悪徳商法への対策検討会（消費者庁）
31日	岸田首相、自民党総裁として教団との関係絶つと宣言
10月6日	岸田首相が解散命令請求に「慎重判断の必要」と国会答弁
11日	全国霊感商法対策弁護士連絡会が文部科学相に解散請求を要請
14日	教団は解散事由規定に「当たらないと判断」答弁書を閣議決定
17日	消費者庁検討会が質問権行使を提言、首相が文科相に行使指示
19日	首相が解散請求要件に「民法の不法行為も入り得る」と答弁修正
11月8日	文化庁専門家会議が質問権行使基準まとめる
22日	文科省が初の質問権行使（教団の回答は12月9日）以下、７回にわたり質問権行使

【23年】

9月6日	文科省が１００項目以上回答拒否があったとして過料方針決定
7日	東京地裁に過料通知
10月12日	同省が教団の解散命令請求について、宗教法人審議会開催
13日	同省が東京地裁に教団の解散命令請求

具体的には、１９９５年の東京高裁決定が示した①宗教法人の代表役員等が法人の名の下に取得・集積した財産、人的物的組織を利用してした行為②社会通念に照らして、当該宗教法人の行為であるといえる③刑法等の実定法規の定める禁止規範または命令規範に違

反し、しかもそれが著しく公共の福祉を害すると明らかに認められる行為――などの解釈を踏まえて判断すると、家庭連合は解散命令請求には当たらないとの政府見解をまとめ、閣僚全員が署名したのだ。

宗教法人法（第78条の2）に基づく質問権は本来、「解散命令の事由等に該当する疑いがあると認められるときに、宗教法人法の規定に従って行使すべきものとされて」いる。信教の自由の保障を大前提とするため権限発動の要件が厳しくなっているわけだ。

質問権などを追加する同法改正に関与した前川喜平・元文部科学事務次官も、質問権は「所轄庁（文部科学省）の側に、（家庭連合の）この行為、この行為、この行為が解散命令の事由に該当する疑いがあるという認識がなければ、行使できない」（22年10月21日、国会内での野党ヒアリング）と述べている。

その基準からすると、教団が解散命令請求に当たらないと閣議決定した3日後に、首相が同じ教団に対して質問権行使を発表するのは、宗教法人法の規定と完全に矛盾しているのだ。しかも首相は、①2016、17年に法人自体の組織的な不法行為責任を認めた民事裁判例が見られる②政府の合同電話相談窓口に9月（5日から）30日まで1700件以上の相談が寄せられ、法テラスや警察を含め関係機関に相談がつながれている――という二つしか根拠を示さなかった。これではとても、東京高裁決定の厳格な条件は満たせない。

首相が予算委で「質問権の行使による事実把握、実態解明」と述べているのは、質問権の行使を証拠集めに使おうとしたとみられる。しかしこれでは、政府は大混乱に陥るしかない。その矛盾をマスコミから突かれた永岡文科相は「やはりいろいろと、やはり言いにくいことばかりでございます。申し訳ないんですが」と答弁に窮した。

法治国家の基盤失う「朝令暮改」

従来の法解釈との矛盾をはらむ岸田文雄首相の家庭連合に対する質問権行使の表明（２０２２年10月17日）は、翌日（18日）の衆院予算委で野党の攻撃にさらされた。

立憲民主党の長妻昭議員は、宗教法人の解散命令要件について１９９５年の東京高裁決定（96年に最高裁で確定）の考え方を「踏襲している」として、「（東京高裁が示した刑法等の実定法規の定める禁止規範又は命令規範に）民法（上）の不法行為は入らない」と言明する岸田首相に対し、執拗に解釈を変更（整理）するよう迫った。

「旧統一教会の本体については刑事的責任が確定判決で問われていない。…文化庁の課長が一貫して言っている政府の解釈を変えない限り、永久に解散請求できない」

首相はこの日、10月14日に閣議決定した立場を貫いたが、翌19日の参院予算委員会の冒頭、立民の小西洋之議員に対して「政府においても、改めて関係省庁（が）集まり、昨日の議論も踏まえて改めて政府としての考え方を整理した」として、次のように言明した。

「行為の組織性や悪質性、継続性などが明らかとなり、宗教法人法の要件に該当すると認められる場合には、民法の不法行為も入り得る」

宗教法人の解散要件という「信教の自由」と関わる重要な法律の解釈が、一夜にして百八十度変更されたのだ。小西議員は「朝令暮改にも程がある」としながらも、それ以上は追及しなかった。

この「朝令暮改」騒動にはさらに深刻な問題が潜んでいた。首相が真っ先に解釈変更を伝えた小西議員が23年8月22日にユーチューブで解釈変更の舞台裏を暴露したのだ。

「前日（18日）から首相官邸に当たって、解釈を撤回するように、撤回するときの理由まで授けた」「改めて岸田政府全体で議論したって言ったらいい。そこの部分は追及しないからって言ったら、岸田総理（は）その通り言った。ただ、これ嘘なんですよ」

小西洋之氏

小西氏が仲間内の鈴木エイト氏に、首相が私の指南通りに解釈を変更したんだよという自慢話なので、全面的に信頼できるものではない。しかし、各紙19日の首相動静には、首相が参院予算委直前に小西氏に会ったとの記録がある。予算委の直前に質問者の野党議員と会って言葉を交わすのは異例のことであり、実際に小西氏は自ら嘘と断定した「政府全体で議論した」点を全く追及しなかった。「朝令暮改」は政府と野党の馴れ合いで進められた疑いが強い

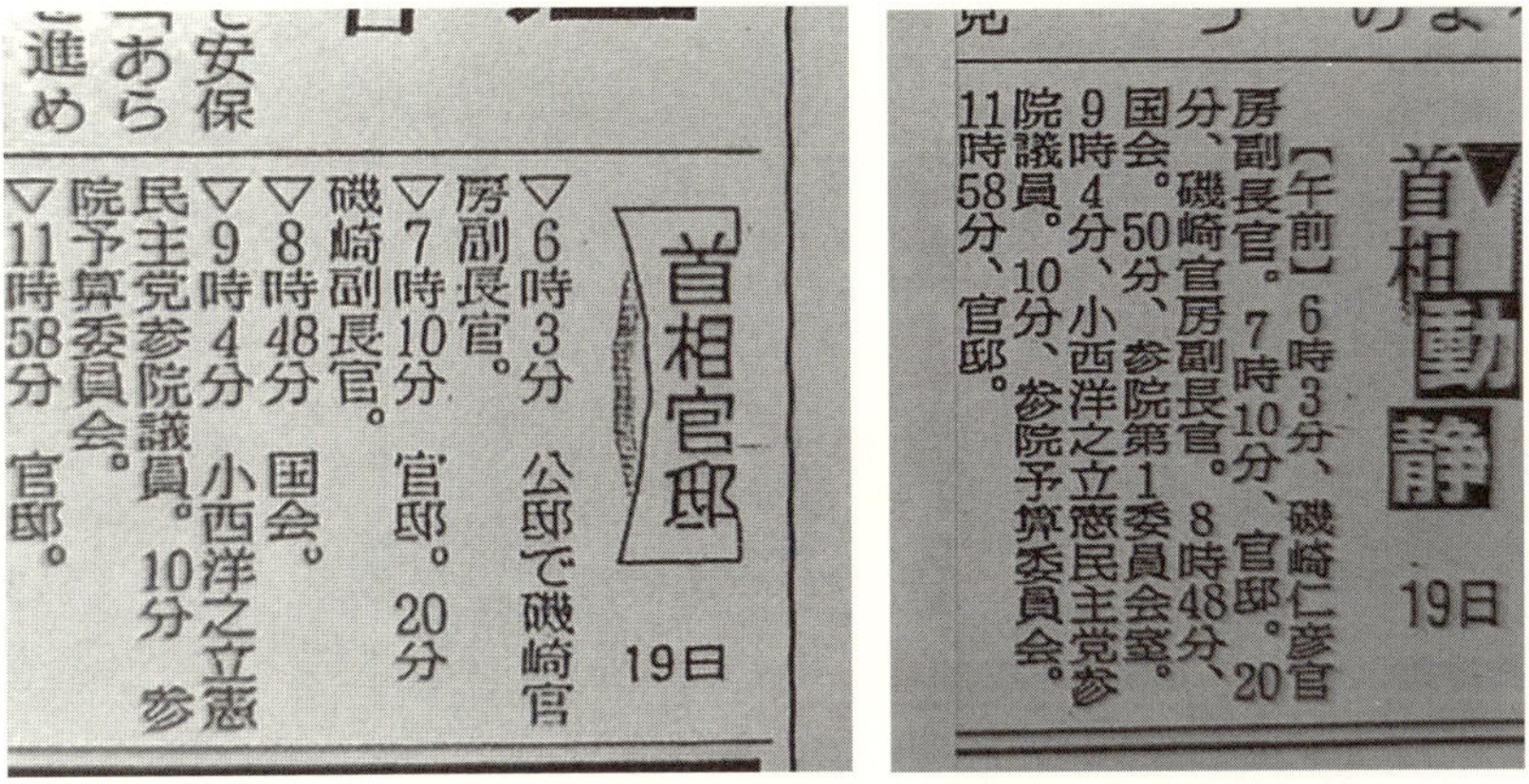
▼首相動静　19日
【午前】6時3分、磯崎仁彦官房副長官。7時10分、官邸。20分、磯崎官房副長官。8時48分、国会。50分、参院第1委員会室。9時4分、小西洋之立憲民主党参院議員。10分、参院予算委員会。11時58分、官邸。

首相官邸　19日
▽6時3分　公邸で磯崎官房副長官。
▽7時10分　官邸。20分　磯崎副長官。
▽8時48分　国会。
▽9時4分　小西洋之立憲民主党参院議員。10分　参院予算委員会。
▽11時58分　官邸。

2022年10月19日、岸田文雄首相と小西洋之立憲民主党参院議員の面会の記録。同年10月20日付の朝日新聞「首相動静」（右）と日経新聞「首相官邸」

のである。
　閣議決定の内容が覆されたこの集まり（会議）の参加者について、政府は固く口を閉ざしている。24年1月31日、ＮＨＫから国民を守る党の浜田聡参議院議員は、会議参加者の氏名と役職などを質問主意書で尋ねたが、政府は会議が閣議でなかったことだけは認めたが、「政府部内の検討過程における詳細についてお答えすることは差し控えたい」と参加者名を明かさなかった。また、この会議での決定事項（解釈変更）はその後も閣議決定に付されていない。重大な解釈変更が、ごく少数の側近が非公式に集まって決められた疑いが極めて強いのだ。
　東京地検の幹部検事、衆院議員を歴任した若狭勝弁護士は24年6月18日、都内で開かれたシンポジウムで、「家庭連合に対する解散命令請求において一番問題なのは公正性の欠如。法律の解釈、運用を１日で安易に変更した上で、解散命令を請求するということは、法治国家たる基盤を失う」と強く警鐘を鳴らした。

政権延命のスケープゴート

前代未聞の「朝令暮改」によって、宗教法人の解散命令請求の要件に民法上の不法行為も含むとした岸田文雄政権は、２０２２年11月22日、家庭連合への「報告徴収・質問権」を初めて行使した。

質問権は7回にわたり行使され、被害を訴える元信者などへの聴取が行われた。岸田首相が質問権行使を指示してほぼ1年後、23年10月12日、文科省は同教団の解散命令請求を決定。翌13日、東京地方裁判所に請求した。

政府が民法の不法行為を根拠に解散請求をするのは初めてだ。盛山正仁文科相は、記者会見で、長年にわたり高額の献金被害が続いたとし、「多くの人に悪影響を及ぼした」と強調。これに対し家庭連合はホームページで「偏った情報に基づいて、日本政府がこのような重大な決断を下したことは痛恨の極み」と批判した。

決定に先立ち、同じ12日に開かれた宗教法人審議会では、盛山文科相が請求を行う方針を表明、全会一致で「相当」と認められた。学識経験者や宗教関係者から成る委員会の了承を取り付けたのだ。

しかし、「全会一致」とは言うものの、異論がなかったわけではなく、そこに至るまでには看過できない深刻な舞台裏の動きがあった。産経新聞23年10月13日付は次のように報じている。

文部科学省の家庭連合に対する質問権行使について議論する
宗教法人審議会（2022年12月14日、東京都）

〈宗教界から選出されたある委員は、文化庁の調査が大詰めに入った今年9月、「今でも政府見解の変更には納得していない」と周囲に漏らした。一夜でひっくり返った法解釈に、宗教界は「信教の自由」への影響を憂慮した。それでも文化庁は審議会で「（教団に何もしなければ）内閣が飛んでしまう」と呼び掛け、請求の前提となる質問権行使の正当性を訴えた〉

専門家の客観的で公平な意見を聞くために設置したのが審議会であるはずだ。解散請求ありきでその正当性を訴えるなど本末転倒である。しかも、その理由が「内閣が飛んでしまう」というのは、政治権力の延命のために、一宗教団体をスケープゴートにするに等しい。政権は一時的なものにすぎない。しかし、政権延命のために民主社会の基礎となる信教の自由が公然と侵されれば、後々まで禍根を残すことになる。

月刊誌『正論』の23年12月号は、「解散命令請求への疑義」という特集を組み、「政府のやり方がなぜ問題なのか」と題して、東京キリスト教神学研究所幹事の中川晴久氏とモラロジー道徳教育財団道徳科学研究所教授の西岡力氏が対談している。

その中で、中川氏は「例えば、今回の解散命令請求には、全国弁連が集めた証拠や裁判資料、知見の数々が使われています。『事実なので問題ない』という人もいるかもしれませんが、一民間団体、それも教団と長年敵対・対峙してきた組織の主張を政府が代弁し、情報も依存しているのに近い。手続きの中立性と言う意味で大いに疑問です」と政府を批判。

西岡氏も「宗教法人審議会の委員に宗教者がたくさんいました。私のよく知るプロテスタントの牧師で私が以前勤めた大学の前理事長もいました。日本基督教団総幹事もいれば、神道や仏教からも入っています。その人たちが全員、異論を言わず賛成したのも信じられないし、ショックですよ。一体、信教の自由をどう考えているのでしょうか」

さらに西岡氏は、産経新聞の記事を取り上げ、「文化庁の役人が委員の自宅まで行き、説得し、それも秘密にしながら、一人ずつ篭絡《ろうらく》したそうですが、それで宗教者、特にプロテスタントの牧師はほとんど異論をはさまなかったのでしょうか。強い恐怖と信じられない思いです」と深刻な懸念を表明している。

TOPIC

文科省　家庭連合に不当かつ過剰な質問──「無回答」巡る過料裁判で

文部科学省文化庁が、家庭連合に対して行った宗教法人法「報告及び質問」に基づいた質問に一部回答がなかったとして行政罰の過料を求めた裁判で、家庭連合側の無回答を裁判所が問題にしない不当な質問項目が10項目ほどあることが分かった。

文科省が過料10万円の支払いを求めた裁判では、２０２４年３月に東京地裁、同年８月27日に東京高裁が支払いを命じる決定をしたが、家庭連合は９月２日に特別抗告を最高裁に申し立てた。

宗教法人の解散事由、特に「法令に違反し、著しく公共の福祉を害すると明らかに認められる行為をしたこと」を理由とする解散命令の疑いがある時に、質問権行使が宗教法人法で定められている。「法令に違反」の同法解釈として、「刑法等の実体法規の定める禁止規範又は命令規範に違反した行為」というオウム事件の１９９５年判決以来の判例が、その法解釈の根拠となってきた。政府も２０２２年10月14日には、この判例を踏まえて、家庭連合が解散命令請求の対象外であることを答弁した。

家庭連合側は、「政府の不当な解釈変更に基づく質問権行使、解散命令請求に対して、過料を争う地裁、高裁で、宗教法人の死刑にも匹敵する行政処分である解散事由に、法令違反として、民法７０９条による不法行為が適用されることは憲法31条違反（罪刑法定主義違反）

だ」と強く主張している。

家庭連合に対する文科省の質問権行使は、22年11月22日から23年8月22日にかけて7回にわたり、約500の質問に対し教団側が約100の質問に回答しなかったとして文科省は23年9月7日に東京地裁に過料通知した。教団側の不服申し立てに東京地裁、東京高裁とも支払いを命じる決定をした。その際、裁判所は無回答（不報告）だった質問を45項目に分類し、各項目ごとに処罰か否かの結論を示している。

本紙が教団関係者に取材したところによれば、45項目のうち処罰にはならない「不報告と認められない」「処罰しない」などの結論が10項目、「処罰の対象として取り上げない」が2項目あった。これに対し「処罰する」が32項目、「一部を処罰せず一部を処罰する」が1項目だった。

不報告に対し裁判所が「処罰しない」とした文科省の質問項目の例として、「海外送金について、外国為替および外国貿易法第55条に基づく報告内容が分かる資料を添付の上、報告されたい」と求めたものがある。教団関係者は「（家庭連合は）外為法その他の法令に基づいて、関係省庁に海外送金の報告を適正に行っており、この場合の関係省庁は財務省だが、政府内で調べれば分かる質問をしている」と述べる。裁判所も教団が関係省庁に適正に報告していると認めた形だ。

しかし、税務署や社会保険庁など政府内で調べれば分かるはずの全従業員の給与、退職金、源泉徴収、年末調整の計算など細かく報告を求める項目について「不報告であり、処罰する」とされた。また、教団関係者は「全国約300ある教会の会計の領収書、請求書のすべての写しとともに平成18年（06年）以降の総勘定元帳などを出せと言ってきたが、一つの教会で段ボール何箱にもなるのに300の教会でやるなど期限内にとうてい対応できなかった」と状況を語った。これに対しても、裁判所は「短期間で対応することは、著しく困難だった」「処罰の対象としない」と認めた。文化庁の質問権の行使が極めて強引だったと事実上認めたと言える。

プライバシーを巡る問題で回答しなかった項目にはさまざまな契約案件もあったという。「契約書には相手の氏名、住所が必ず載る。信者だけでなく信者以外の人の個人情報だけに配慮するのは当然だ」（教団関係者）。さらに他の不回答の質問も、「既に説明を尽くしたにもかかわらず、理解しようとせずに、不報告とされた」「解散事由とされている不法行為とは何の関係もないので提出しなかった」というのが教団関係者の説明だ。

文科省文化庁宗務課は8人だった職員を約40人に増強して質問権を7回行使、回答期限は概《おおむ》ね1カ月だった。教団側のスタッフは10人足らずで夜も眠れないほどの作業量だったという。

宗教法人法は質問について「権限は、犯罪捜査のために認められたものと解釈してはならない」と定めている。質問は「法令に違反して、著しく公共の福祉を害すると明らかに認められる行為」や「宗教団体の目的を著しく逸脱した行為」の「疑い」があることに行うものだ。文科省文化庁が決めた質問権行使の基準では、▽「疑い」の有無を判断する際は、風評や一方の当事者の言い分のみで行わない▽公的機関において当該の宗教法人に所属する役員等による法令違反や法人の法的責任を認める判断があるなど客観的な資料や根拠に基づくのが妥当――などと規定されている。

しかし、質問権行使の第1回の22年12月9日の時点で文化庁の担当者が元信者らに対して、「裁判所でひっくり返されないように証拠を固める」と発言したと報道されているように非公開の場で行われた質問権行使は、行政に求められる公平・公正の原則を逸脱して、「解散命令請求ありき」で進められていた。裁判所もその回答には過重な負担があると認めるほどの不当な質問を含んでおり、これを大きな行政権で民間の宗教法人に執拗《しつよう》に行った実態は、戦後宗教行政史上において極めて大きな問題を残しかねないと言える。

無回答が増えた背景には、期限までに回答できないほどの過大な質問内容や、従業員の源泉徴収、年末調整など、解散理由とされた「不法行為の組織性、悪質性、継続性」と関係がない報告徴収・質問など、文化庁が定めた質問権行使基準に合致しないと教団側が考える質問が多かった実情が浮かび上がる。非公開で行われてきた家庭連合への質問権行使、解散命令請求が適正な基準で進められたか、行政権の濫用《らんよう》はなかったか、全ての情報を公開し厳正に検証すべきだ。

第2章

地方議会への波紋

「反社」扱いの決議採択

岸田文雄首相が安倍晋三元首相暗殺事件後の2022年8月に行った世界平和統一家庭連合（旧統一教会、家庭連合）および関連団体との関係断絶宣言は、地方議会にも影響した。自民党が同年9月8日に公表した所属国会議員の調査で出てきた179人の「教団、関連団体との関係」は、会合への出席、あいさつ、祝電などありきたりだったが、首相は自民党に「一切関係を持たないことを徹底する」ため、ガバナンスコード（統治指針）の改定を指示した。

このような岸田政権の動きが影響し、地方議会で関係断絶決議の採択が始まった。9月28日、大阪府富田林市議会、富山市議会が採択。11月18日、大阪市議会は「旧統一教会等の反社会的団体の活動とは一線を画する決議」を採択。12月15日、北九州市議会は「反社会的な旧統一教会に関与しないことを確認する決議」を採択。同20日、大阪府議会が関係断絶を決議した。

首相の「社会的に問題が指摘される団体との関係は慎む」との表現が、これらの決議では「反社会的団体」との文言にすり替わり、教団や関連団体を暴力団のような反社会的勢力のように決め付けている。信者や関連団体会員をあたかもビジネス契約上の排除条項（反社条項）

の対象のようにして、社会的に不利な立場にする恐れがある。「悪質商法」をしていなくても、信者や会員である市民の請願は議員が受け付けなくなる。

実際、請願が受け付けられなくなり、決議取り消しを求めて関連団体の天宙平和連合（UPF）の会員複数名が、富山市、大阪府、大阪市、富田林市を提訴した。また家庭連合は北九州市を提訴した。

このうち、24年2月28日、大阪地裁は判決で大阪府、富田林市、大阪市に対する決議取り消しの訴えを却下した。ただ判決では、「(決議は）市議会がその意思を事実上表明するものにすぎず、法的効果を伴うものではない」と述べ、請願についても「原告の請願権を侵害するものであるとは認められ」ないとした。つまり法的に「反社」ではない。

だが、判決は決議について「政治的な意味を有する事実上の効果を伴うものであるといえる」とも述べている。これでは「反社会的」との決議文言に「政治的な意味を有する事実上の効果」を容認し、原告の信教の自由や請願権を毀損し続けかねない。原告のUPF会員はあくまで決議取り消しを求め控訴した。

22年10月25日、自民党は「党所属の国会議員は、活動の社会的相当性が懸念される組織・団体からの不当な政治的影響力を受けること、または、その活動を助長すると誤解されるような行動について厳にこれを慎むものとする」との改訂ガバナンスコードを決定し、家庭連合および関連団体との関係遮断について地方組織にも通知した。

家庭連合の信仰を持つ自民党所属地方議員は党公認を得るか否かの判断を迫られた。関東地方のある市議の場合、離党し無所属になった。「これまで党の選挙で市議は子分として扱われるのがきつかった」こともあり、首相の断絶宣言が背中を押した。23年4月の市議選で再選を果たしている。政策でなく宗教を理由に離党者が出たのである。

一方、地方議会で関係断絶決議案を否決したケースもある。22年10月5日、京都府議会、10月14日、高知県議会が否決。9月、茨城県取手市議会では「市民として納税の義務を果たし何ら法を犯していない人々の基本的人権を侵している」（細谷典男市議）などの反対意見が出され、否決された。

岸田政権が進めた「関係断絶」、教団への解散命令請求に問題はないのか。第2章では疑問を持つ地方議員らの声を聞く。

政治家に過ち正す責任

――北九州市議会議員　井上真吾氏

「皆さん方が多く苦しむ状況を招いたことについて、私にもその責任の一端があると感じています。しかし、政治家は自ら過ちを犯したのであれば、これを正す責任もあると考えています。私にチャンスがあるのであれば、何でもします」

北九州市議会は２０２２年12月、「反社会的な旧統一教会に関与しないことを確認する決議」を全会一致で可決した。この決議に賛成したことを後悔しているのは、革新系無所属の井上真吾氏だ。24年6月30日、北九州市で開かれた「基本的人権・信教の自由を守る北九州大会」に登壇し、強い自責の念を示した。

市議会決議は、家庭連合を反社会的と決め付けた上で、「行事への参加やメッセージなどの送付、会費の納付等の関係を一切持たない」と強い文言で書かれている。

これまで共産党が提出してきた意見書・決議にことごとく反対していた自民、公明両会派も含めて全員がこの決議に賛成。本紙の取材に対し、井上氏は「あなただけが反対している」と複数の議員から言われて圧力を感じ、「自分だけが×（ばつ）と意地を張って足並みを乱してもいけないと思い、仕方なく○（まる）を付けた」と明かす。

いのうえ・しんご　1976年福岡県新宮町生まれ。九州工業大工学部卒。移動式クレーン運転手。2級建築施工管理技士。28歳で北九州市議会議員に初当選。2025年2月現在、4期目。

それから3カ月後の昨年2月、北九州市議全員に信者から、信者の人権の配慮を求める文言と共に、紹介議員になってほしいという請願文が届いた。請願に唯一、応えたのは井上氏だ。

「どこの誰と付き合うことなど自由ではないか。付き合うなと人から指図されることではない。個人の内面の問題、人の生き方や考え方、思想信条に関わる問題にまで政党や議会が手を突っ込むような内容で問題だ」。こう話す井上氏はさらに、「信者やその子供たちが学校や地域社会でいじめを受け、社会活動から排除されることが許されていいはずがない」と続ける。

決議の後、悶々とした気持ちだった井上氏にとって請願要請は願ってもないことだった。「このままでは自らの政治的な意思に反して行動したことが残る。チャンスが与えられて行動を改めるきっかけを与えられたことを感謝している」

それまで、井上氏は教団との接点はなかった。唯一、あるとしたら、共産党に入党して間もなく、北九州市の駅前で「仲良さそうな老夫婦からチラシを受け取り、それが家庭連合の信者だったことが後で分かった」ということだけだ。決議によってこの夫婦に信教の自由が奪われることがあってはならないという気持ちがよぎった。

23年9月議会で共産党が提出した、「旧統一教会の解散命令請求を求める意見書」の反対討論に立った井上氏は、「報道による旧統一教会憎しの世論」の中で、職場を追われる、学校現場でのいじめ、または、イベント会場が借りられないなどの被害が起きていると指摘。その上で、「今でも信仰を持っていて排除・差別されている方からその苦しい胸の内を聞き、彼らが等しく市民として穏やかに暮らせるようにするのが政治の務めではないか」と訴えた。

22年12月の決議の前後、旧統一教会を巡る複数の意見書・決議が提出されているが、自民、公明両会派が反対することで否決されてきた。なぜ関係断絶決議だけ全会一致になったのか。井上氏は、「第一会派の自民が翌年春の統一地方選に勝つため、野党に説得されてしぶしぶ賛成したとしなければ格好がつかないと思ったのだろう」と話す。党利党略のために、市民の基本的人権が奪われるのは言語道断だと憤る。

決議翌日、地元だけでなく全国メディアも、関係断絶決議を大々的に報道。「事の大きさを実感」することになった。

故安倍氏に献花、社民除名

一人会派の井上真吾・北九州市議は、安倍晋三元首相が銃撃された2022年7月、社民党に党籍を置いていた。安倍氏と政治の方向性は対極にあるが、信念を持つ政治家で演説が上手であることから、尊敬の念を抱いていた。哀悼の意を示そうと、同僚の無所属議員と一緒に、関門海峡を挟んで北九州市の対岸にある山口県下関市にある安倍氏の事務所に花を手向けた。

事務所を出た後、マスコミに囲まれてインタビューを受け、社民党に党籍があると伝えると、「党は国葬反対なのになぜ来たのか」と問い詰められた。選挙演説中の安倍氏銃撃について「（憲法に守られている）思想信条の権利を踏みにじることは許せないという思いから」

と答えた。間もなく社民党福岡県連の三役に問い詰められ、1年間の党員資格停止処分を受けた。続いて23年2月、家庭連合の信者による請願の紹介議員になったことを受け、けじめとして離党届を出したが、除名処分が通告された。

普段は人権を叫んでいる共産党や社民党が、人の命をおろそかにしている現実を目の当たりにした。井上氏は、憲法に規定されている基本的人権に対する思いは強い。「地元の寺の門徒（檀家）代表をしている」が、そのお寺も寄付によって建てられており、信者の寄付行為にも理解を示す。

無神論者でない井上氏が共産党に入党したのは18歳の時だった。大学受験で訪れた神戸市が阪神淡路大震災に遭い、ボランティア活動の窓口になったのが共産党系団体だったことがきっかけだ。大学の夜間コースを卒業すると、これまでお世話になったこともあり、入党を決意。共産党議員として2期8年間務めた。その間、自治体など地域のための活動に力を入れたが、「党のためにもっと仕事をするように」と迫られ、固辞したことで離党し、3期目を諦めた。

その後、30社もの企業面接に落ちた。共産党議員の履歴が足かせとなったと感じているという。起業したり、工事現場の仕事をするなど下積み生活をして、8年後、社民党の支援を受けて議員に返り咲いた。

安倍氏の事件後、家庭連合が解散に値する団体とされ、全国各地で被害が出ているという認識が国民の間に広がった。しかし、共産党議員の8年間、そして8年後の21年に議員に復活した後も、家庭連合の高額献金や霊感商法の被害に関する相談を受けたことはなかった。

関東大震災では朝鮮人や共産党員らが虐殺されたという記録が残る。「過去で学んでいるはずなのに、共産党や社民党が声を上げないのはおかしい」とも。解散命令請求が通ってしまえば、共産、社民両党やほかの宗教団体も「弾圧の対象になる。明日はわが身だろう」と警鐘を鳴らす。

デモの先頭に立って信教の自由を訴える井上真吾氏（左）（2024年6月30日、北九州市小倉北区）

家庭連合は23年8月、「関係を一切持たない」と決議したのは、特定の宗教に対する差別を煽る違法行為だとし、北九州市を相手取り慰謝料など1100万円の損害賠償を求めて福岡地裁に提訴し、係争中だ。現在の政府やマスコミによる家庭連合バッシングは、井上氏には「集団リンチ」に映る。「排除やいじめの構造を変えていくためにも、重要な裁判になる」と指摘する。

24年6月16日には、家庭連合の信者が熊本市で開いた集会に参加。信者らと一緒にデモ行進し、「政府は信教の自由を守れ」と声を上げた。500人もの参加者がおり、やじ馬によるトラブルに巻き込まれないか心配だったというが杞憂に終わった。「警備すらなく、周りの人々は好意的に見守ってくれた」という。6月30日には北九州市で行われたデモにも参加した。

家庭連合の問題を冷静に見る人が増え、世の中の風潮としては「家庭連合＝悪」ではなくなっていると感じている。「政治家はもちろんのこと、司法も矜持を持ってほしい」。こう力強く訴えた。

「首相のやり方は不公平」 ―― 取手市議会議員 細谷典男氏

2024年1月に投開票された茨城県取手市議会議員選挙で、細谷典男氏は家庭連合に対する人権問題を訴え、再選を果たした。後援会からは家庭連合について公約に掲げることを反対されたが、信念を貫き通した。4年前の前回は定数24のところ18番目だったことから、「危機感は持ちつつも、家庭連合に関する主張は一切隠すことなく有権者に届けた」。

獲得票数は、前回比1・9倍の2位で当選。「地方選挙では100票増やすのも大変だ」と話す細谷氏。「私の主張は否定されず、多くの支持を頂いた。取手では解散命令など必要ないということを市民が示してくれたと思っている」と喜ぶ。

これまで家庭連合と一切関わりがなかった細谷氏が、家庭連合に対する差別反対を主張するようになったきっかけは、22年9月、ある市民が「家庭連合と議員との関係調査を求める請願」を出したことにさかのぼる。紹介議員は共産党の議員だった。

「私自身はマスコミが言うところの〝接点〟は全くなかった。議会活動をする中で私は両方の意見を聞くことを信条にしていたが、請願とは反対の意見が耳に入らず困っていたところ、知人を介して家庭連合側の意見を聞く場を得た。話を聞いてみると、家庭連合の人々はどう見ても請願にあったような『反社会』や『詐欺集団』には見えなかった」

マスコミ報道に対して違和感を持ったのは、「何か具体的な被害があれば問えばいいが、そういうことがない中でレッテルを貼っている」からだ。請願人に、「取手で被害があったんですか、困っている人がいるんですか」と聞くと、「確認したものはない」との返事だった。

「憲法第31条の罪刑法定主義を見れば、罪があれば罰するというのが日本の国の形だ。具体的な罪がないのに排除しようとするのは、憲法に違反して

ほそや・のりお　1951年生まれ。茨城県立竜ケ崎第一高卒業後、明治大学文学部史学地理学科入学。71 年、日本電信電話公社（現 NTT）入社。2004年、取手市議会議員に初当選。10年、茨城県議会議員。16年、取手市議会議員（無所属）。現在５期目。

いる」

これについて市議会で議論した結果、圧倒的多数で細谷氏の意見が通った。議論を重ねた上で、請願に賛成したのは共産党の４人だけだった。「他の地方議会でも、きちんと議論すれば、どこでも取手と同じ結論になる」と確信する。

取手は起伏が激しい土地柄、水害がよく起こる。「水害が起こったとき、『ここは家庭連合の家だから助けません』と言えるのか」と訴える細谷氏は、議会で「市民と接するあらゆる窓口において、家庭連合に所属するということをもって他と異なる対応をするか」と問いただすと、市当局から「そのようなことはあり得ない」という答弁を引き出した。

金沢市で信者の学生による雪下ろしボランティアが行政側に断られたことについて、細谷氏は「行政にとって大きな損失」と断言する。「行政は、市民の皆さんから協力してもらわなければやっていけない。家庭連合の関連団体は行政にとっても役に立つ有益な団体だと分かった以上、解散すれば損失になる」と言い切る。

一方的な意見だけを聞いて国会で被害者救済法案を提出して成立させたり、政府が教団に質問権を行使し解散命令を請求したことについては、「恐れ多いが、地方から『岸田文雄首相のやり方は不公平だ』と言いたかった」と強調。「『反社会』というレッテルを貼って社会から排除するというもので、全体主義に通ずる。この手法は本当に危険だ。芽のうちに摘まないといけない」。家庭連合に限らずどこでも標的にされる可能性があることから、今後も警鐘を鳴らしていくつもりだという。

信仰心失う日本に危機感

―― 元熊本市議会議長 **主海偉佐雄**氏

「信教の自由を守るというごく当たり前のことが守られていない。宗教とは何ぞや。人間は自分の力が及ばないことに出会ったときは自然と手を合わせ神頼みをするもの」

家庭連合の信者は、2024年6月16日、熊本市で信教の自由をテーマにしたシンポジウムと街頭デモを行った。その主催者あいさつで元熊本市議会議長の主海偉佐雄氏は信仰心を持つことの大切さを説いた。拘置所で犯罪者が罪を償い、改心させるために導く教誨師（多くの場合、僧侶や牧師）を例に挙げ、「信仰心、何かを導くということは人間にとって非常に大事なことだ」と強調した。

安倍晋三元首相の銃撃事件が起き、非難の矛先が家庭連合に向かうと、過去、家庭連合や関連団体の集会、イベントに参加するなど〝接点〟のある議員らがマスコミの取材の対

とのみ・いさお　1935年熊本県阿蘇市生まれ。熊本工業高校卒業後、主海建設設立。熊本市議会議員を7期28年務めた。元熊本市議会議長、元熊本県市議会議長会・会長。全国保護司連盟顧問。

象になった。「接点のある元議員」として熊本県で最初にマスコミの〝標的〟となったのは主海氏だった。

本紙のインタビューに対し、「堂々と言うべきことを言ったからか、その後どこからも取材を受けることがなかった」と笑って退けた。それでも、これまで一緒に関係団体の集会やイベントに参加したり、祝辞を寄せたりしていた人々が「一斉に引いていなくなった」ことを悲しんだ。

信教の自由を守ることは重要であるとの揺るがない信念を持つ主海氏にとって、関連団体の代表役員の就任要請を引き受けることや、シンポジウム開催に合わせて立ち上がった「基本的人権・信教の自由を守る熊本県民の会」の会長就任の要請を受け入れることは容易だった。

主海氏は市議時代、佐賀県の唐津市と韓国を結ぶトンネルを構想した日韓トンネルプロジェクトや、朝鮮半島の平和的統一など世界平和を願い若者たちが自転車でPRする活動などを見て共感を覚え、関連団体の役員に名を連ねただけではなく、信者らとも親交を深めた。

「いいことをやって頑張っとるのにね。何も分からないで解散せよと騒いで、岸田総理がそんなのに飛び付いて。何も（真相が）分からないのに声を大きくしたりするもんだから。もう日本ってなんと情けないもんじゃやな。日本の政治は本当にお粗末になったなと思っとる」

こう嘆く主海氏は、「信者はもっと堂々と言うべきことを言ったらいい」と教団の信者にアドバイスしているという。文部科学省による家庭連合の解散命令請求は、宗教的価値観の乏しい政治家やマスコミが左翼的思想に影響されて行われたものだと考えているからだ。「日本人の心の素晴らしさは全て宗教から来とるから、そんなこと（宗教団体つぶし）をやったら、日本は、そして、日本人はどうなのか」と訴える。

自身は浄土宗の信仰を持ち、熊本県護国神社の責任役員を務めている。12人いる熊本県神社本庁の役員の中で神官ではないのは主海氏だけだ。「人類にとって宗教は大事なのだが、仏壇や神棚がない家がだんだん増えている。神官がいない神社も増えた」と地域や家から宗教色がなくなりつつあることに懸念を示す。

日本はもともと皇室を中心とした宗教的な国だ。「戦前は『修身教育』というものがあった。教育勅語も教えていたし、二宮金次郎像もあった」と話す。

日本人の心が失われた結果、安倍氏を銃殺した山上徹也被告を念頭に、「憎い人物を簡単に殺害してしまう凶悪犯を生んでいる」というのが主海氏の見解だ。

関係断絶の裏に小選挙区制 ――元栃木県議会議長　増渕賢一氏

「勝共連合の何十周年大会というと昔は、きら星のごとく国会議員が並んでいたんだけど、昨年（23年）の55周年大会はなぜか僕が来賓代表だった。どうして国会議員がいないのか。

意気地がないんだ」

元栃木県議で県議会議長と自民党栃木県連の幹事長を務めた保守の重鎮、増渕賢一氏は、宇都宮市の自宅で本紙の取材に応じ、苦虫を噛み潰したような表情でこう語った。

国際勝共連合（梶栗正義会長）は、家庭連合の関連団体で共産主義の克服を掲げる政治団体だ。増渕氏は、２０２３年6月16日、東京で開催された同連合の創立55年記念大会に出席した唯一の来賓だった。安倍晋三元首相の暗殺事件が起きるまでは来賓席の前方を埋め尽くし、50周年記念大会には50人以上いたとされる国会議員の姿が一人もなかったことに唖然とした。

それから1年。24年7月13日に開かれた勝共連合の大会には、国会議員と地方議員の姿があった。増渕氏は来賓あいさつで登壇すると、少し安堵した表情を浮かべ、次のように述べた。「多くの同志がこの問題が起きてから冷たい態度を取っているが、他にも同志がいるのを見て心を強くする」

増渕氏が勝共連合と関係を持つようになってから50年にもなる。同連合の栃木県支部を発足させた当時は、公安関係者から「韓国と関係があるようだ」と注意を促されたが、目指す政治の方向性が一致していたことから意気投合したという。

与党・自民党が22年8月、旧統一教会および関連団体と一切関係を持たない方針を出した。するると、全国各地で信者が、アパートの契約を断られたり公共施設の使用を拒否されるなどの差別、殺害予告などの被害を受けるようになった。

「国民の意識が高まればこんなことは起きないはずなのだが、基本的人権ということについて国民の意識がそこまでいっていないんだ。マスコミを含めて特に基本的人権が云々って叫ぶ左翼の人たちが盛んにこれ（家庭連合へのネガティブキャンペーン）を推進、後押ししているわけ」

事件以前から保守的な言動をすることから革新系団体やマスコミから常に標的にされてきた増渕氏は、マスコミに対して失望を通り越して絶望感すら覚えるという。

ますぶち・としかず　1946年、栃木県宇都宮市生まれ。玉川学園高等部卒業後、父経営の増渕組に入社。75年、栃木県議会議員に初当選。2011年まで9期。元栃木県議会議長、元自民党栃木県連幹事長。

「僕は34年間県議会議員をやっていて、人権問題なんて扱ったことは1回もないよ。当たり前のことだからね。自由民主党、保守系の議員にとっては、基本的人権、信教の自由なんて当たり前のことだから。その当たり前の前提を自民党のトップが自ら崩してしまったというのは明らかにおかしい。日本の総理大臣が神聖不可侵なこと（信教の自由）に踏み込んで、恬《てん》として恥じない。しかも、党員に統一教会と接触を禁じ、関連団体との接触も禁じるなど、おかしなことだ」

自民党から誰一人として家庭連合信者の人権については擁護する議員がいない。理由を尋ねると、増渕氏は「（衆院議員選挙の）小選挙区制の弊害なんだよ」と即答した。

「小選挙区制における党のトップというのは独裁者なんだ。党員の生殺与奪の権利を握っていますから。総裁に逆らうと次の選挙で公認が取れない。小選挙区で無所属として戦うのはどれだけ難しいことか」

地方から政界を見続けた眼差しには、家庭連合の宗教法人解散命令請求にまで至った原因に「選挙」があると映っていた。

市の中立性逸脱を懸念
―― 富山県平和大使協議会代表理事 鴨野 守氏

天宙平和連合（ＵＰＦ）の付属組織「富山県平和大使協議会」は、若者がサイクリングで世界平和を祈念する「ピースロード」、識者から歴史、文化、教育などを学ぶ「富山オープンカレッジ」など複数の行事を富山市、同市教育委員会の後援を得て行ってきた。

ところが、２０２２年7月8日に安倍晋三元首相暗殺事件が発生。富山県・市でもマスコミが、家庭連合・関連団体と行政当局者や議員との関係を蜂の巣をつついたように追及した。関連団体、ＵＰＦも標的になった。

「市長には何度かお会いし、県内の議員らとは、講演会などの行事の打ち合わせで年に何十回も会って協力してきた」

23年6月に一般社団法人富山県平和大使協議会を立ち上げた鴨野守代表理事はこう話しながら、何通もの通知書を広げた。事件から3カ月、22年10月になると各行事の後援を取り消す富山市、市教委の通知、議員からは関連団体の退会や役職辞任の通知が届いた。「この間、一言もこちらの話を聞いてもらえなかった。残念でならない」。鴨野氏は表情を曇らせた。

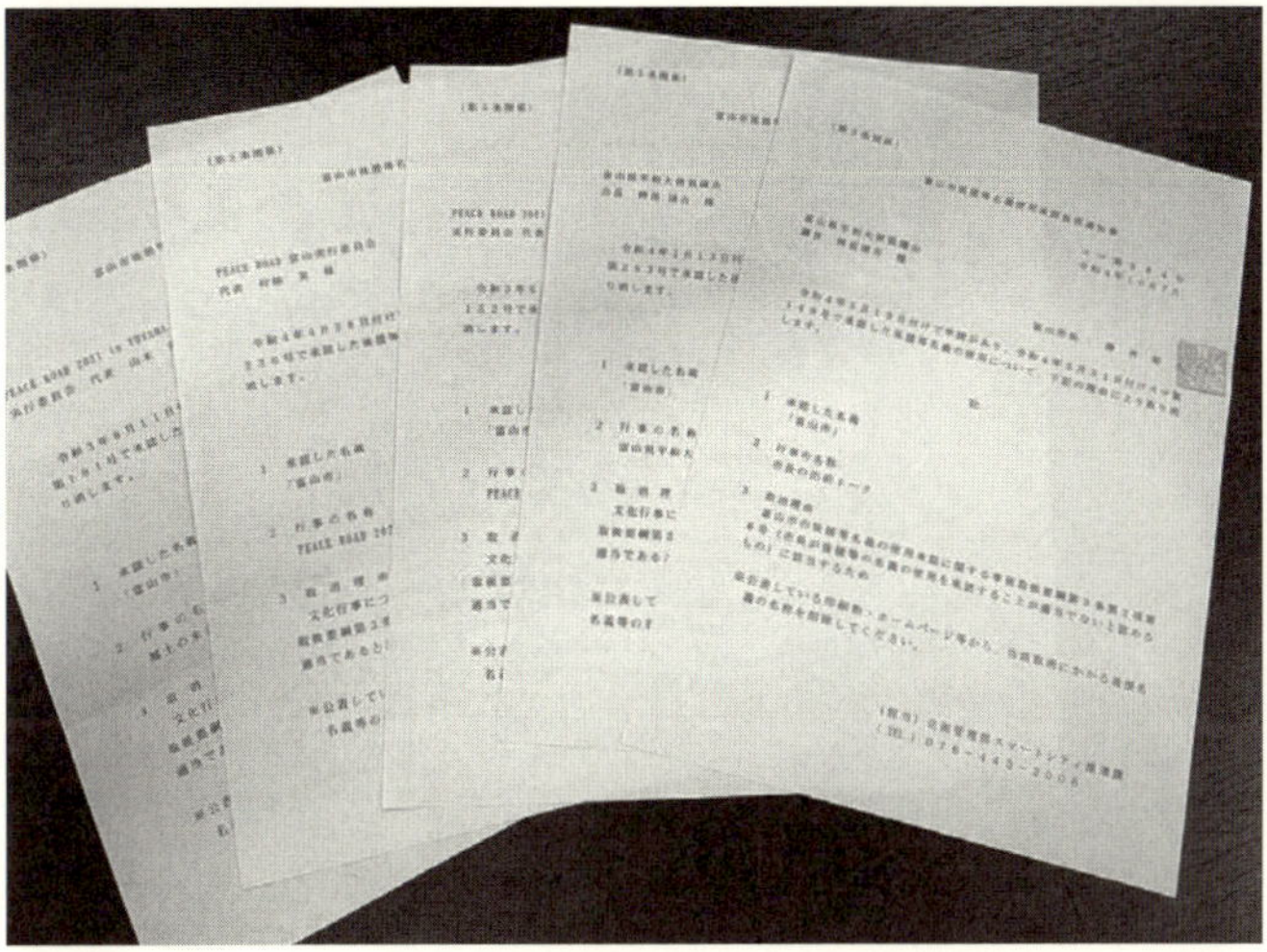

富山県平和大使協議会に届いた「富山市後援等名義使用取消通知書」

事件後、地方議会で最初に教団と関係を断つ決議を行ったのは9月28日、大阪府富田林市議会と富山市議会だ。富田林は共産党の提案だった一方、富山は保守市政が主導した。

富山市の藤井裕久市長は21年に初当選。自民党公認で県議を4期務め、市長選に際し無所属になり自民、立憲民主、国民民主の各党から推薦を得た。選挙では教団施設も訪れて教団・関連団体から応援を受けていた。

マスコミの追及は、20年富山県知事選挙で教団・関連団体から選挙応援を受けた新田八朗知事とともに執拗に続いた。事件後間もない22年7月21日、藤井氏は記者会見で関係を認め「一回しっかり立ち止まって、自分なりに考えてみたい」と答えた。

8月10日に岸田文雄首相は教団との関係排除を目的に内閣改造を挙行。その1週間後の17日、藤井氏は「一切関わりを持たない」と決意表明した。これを受けた決議を富山市議会は9月28日に採択。決議文には市長と歩調を合わせたことを記している。

一般社団法人富山県平和大使協議会の鴨野守代表理事

「藤井市長並びに当局は、旧統一教会は極めて問題のある団体として、旧統一教会及び関係団体とは一切関わりを持たないことを決意し、表明した。富山市議会も、藤井市長並びに当局と同じく旧統一教会及び関係団体と今後一切の関係を断ち切ることを宣言する」
富山県は自民党王国であり岸田政権の上意下達が見て取れよう。
だが、「市長並びに当局」「市議会」つまり公平中立が求められる地方公共団体で、「一切の関係を断ち切る」という重大な決議の際に、少なからぬ市民が所属する教団・団体の人々の言い分を聞かなかった。鴨野氏は、「例えば友人が悪いことをしたと聞いただけで友人関係を断つ人はいない。どうしたのと友人の話を聞いてから判断するものではないか」と憤る。

決議文の文言に深く傷つき、市議から請願も受け付けられなくなった家庭連合の信者が請願権の侵害を理由に富山市を提訴。複数の行事が中止になった富山県平和大使協議会もまた同市を提訴している。

富山市や議員らと協力してきた行事が一方的に悪質な活動と扱われ、主催した団体を反社会的団体呼ばわりされるのは我慢がならないわけだ。

信者公表、7選後も自民に ―― 徳島市議会議員 美馬秀夫氏

徳島市議の美馬秀夫氏は、家庭連合の信者であることを公言し、議員活動を続けてきた。2022年8月、岸田文雄首相が自民党総裁として家庭連合との関係を絶つと宣言したのを受け、メディアは地方議員と教団の関係を追及するが、美馬氏にも地元の徳島新聞などからアンケートが送られてきた。

「アンケート自体、宗教差別につながる魔女狩り的なもの」と思った美馬氏だが、既に信者であることを公表していたこともあり、ありのままに家庭連合の会員であると答えた。

直近2回の選挙は自民党公認で立候補した美馬氏だが、翌23年4月の市議会議員選挙では、自民の公認を求めず無所属で立候補。それでも信者を公言する現職の選挙とあって、マスコミも注目。NHKも東京からディレクターを派遣し、密着取材した。

そんな中、美馬氏は1978票を獲得し、7選を果たした。票数は前回より200票ほど減らしたものの、当選順位は21位から20位（定数30）に進んだ。

美馬氏が獲得した票のうち、家庭連合関係の票は500票ほどとみられ、4分の3の約1500票は、それ以外の広い有権者の票である。美馬家は徳島を代表する名家の一つで、地元の信望が厚く、美馬氏の培ってきた人脈があった。

「確かに逆風はあったものの、私の政治的な主張は、保守的な有権者に届き受け入れられているとの感触を持った」と振り返る。

選挙後も美馬氏は自民党徳島市議団に所属し副会長として議員活動を行っている。23年10月、政府の家庭連合に対する解散命令請求が行われ、家庭連合を巡る情勢は厳しさを増したが、美馬氏の議員活動に特に大きな変化はないという。

「いろいろあっても、やはり民主的な選挙で市民の方々の支持を得たことが大きいと思う。これまで以上に、票の重みと責任を感じている」と美馬氏。

徳島新聞によると、自民党県連の中西祐介会長は、解散命令請求が出た教団との関わりについて「（教団との関係を持たないとする）党のガバナンスコードに基づいて行動するのみなので、今回の決定が左右するものではない」と述べている。

地方によっては、岸田首相の関係断絶宣言との間にはかなりの隔たりがあるようだ。もともと自由と民主主義を基本にさまざまな宗教や思想信条の人々を抱え込んできた自民党であることを考えると、当然といえる。岸田首相の全体主義的な断絶宣言にはそもそも無理があり、地方の現実から乖離したものであったことを示している。

美馬氏は解散命令請求について「世論に迎合した結論ありきの判断。特に解散要件に民事も入れるとした朝令暮改には納得できない」と批判する一方、「裁判所の適切な判断を願っている」と語る。

みま・ひでお　1949年、徳島市生まれ。慶應義塾大学商学部、法学部卒。95年に徳島市議に無所属で初当選。2015年以降2回の選挙は自民党公認で当選。現在７期目を務める。

今後の議員活動については、これまで通り、自身の信仰や信条に基づいて意見を述べていきたいという。特に少子化問題は力を入れていきたいテーマの一つ。

「政府の少子化対策はお金を出しさえすればいいというような発想だが、結婚し家庭を持ち、子供をつくりたいという若い人が増えないと本当の解決にはならない。若い人が結婚し、子供をつくろうというムードが社会に広がるようにしたい」と抱負を述べた。

宗教法人迫害は歴史に残る——参議院議員 浜田 聡氏

２０２４年3月20日、千葉市で開かれた家庭連合の信者が主催した信教の自由をテーマにしたシンポジウムに、国会議員の姿があった。「ＮＨＫから国民を守る党（ＮＨＫ党）」の浜田聡参院議員だ。

浜田氏はこれに先立つ同月12日、参議院総務委員会で「自民党が関係断絶宣言をした団体（家庭連合）の集会に国会議員が参加することが不適切か」と尋ねた。文科省の本田顕子政務官は、「個々の議員の活動や個別の団体への会合への参加について見解を申し上げる立場にない」と回答。浜田氏は、関係を持つことに政府のお墨付きが与えられたと判断した。

自民党の岸田文雄総裁（首相）が22年8月に家庭連合との関係断絶を宣言すると、地方組織にもそれが通知された。その影響は大きく、地方議会でも請願を断られる状況を懸念した家庭連合信者が、藁にもすがる思いで接触したのが浜田氏だった。日ごろから政府や地方議会における政策のおかしさについてユーチューブなどで発信している浜田氏に目が留まったのだ。連絡を受けた浜田氏は面会を快諾した。

その後も、浜田氏は複数の信者に会って話を聞き、信者が主催する会合にも出席する中で、政府・自民党の判断があまりにも一方的ではないかと疑問を持ち始めた。

浜田氏が「目からうろこだった」と言うのは、これまで４０００人以上の家庭連合信者がプロの〝脱会屋〟などに拉致監禁され、強制的に棄教を迫られた事実だ。家庭連合については「いろいろと問題がある団体」と漠然と思っていたが、加害者よりもむしろ被害者の側面の方が大きいことに気付いたのだ。

こうした事実がありながらも、家庭連合を擁護する国会議員がいないことを浜田氏は疑問視する。24年7月22日、東京で開かれた「国際宗教自由（ＩＲＦ）サミット・アジア」に出席し、来賓あいさつで「家庭連合だけが弾圧をされるというのは私は不公平だと考えている。７００人もの国会議員がいて、一人として家庭連合について取り上げないのはおかしい」と述べた。

浜田氏は本紙のインタビューに「政治関係者が一斉に距離を置くことによって信教の自由が不当に脅かされる可能性を考慮すると、政治家

はまだ・さとし　1977年、京都市生まれ。東京大学大学院（教育学）修了後、2011年に京都大学医学部卒業。放射線医勤務などを経て19年7月参院選比例区に「NHKから国民を守る党」から出馬。落選するも同年10月、党首である立花孝志参院議員の参院埼玉選挙区補選出馬による自動失職に伴い繰り上げ当選した。

は今こそ家庭連合の信者の声に耳を傾けるべきだと思い、「行動に移すことにした」と話した。同氏が所属するＮＨＫ党の立花孝志党首も、政府・自民党の決定は憲法に保障されている信教の自由に抵触するという認識で一致する。

解散命令請求の手続きの不透明さについても国会で追及している。第２１３回通常国会（24年1月26日〜6月23日）では、解散命令請求の適法性や拉致監禁問題など家庭連合に関する複数の質問主意書を参議院に提出したが、いずれも実質ゼロ回答だ。

浜田氏は6月18日に都内で開催された岸田政権を検証するシンポジウムにビデオメッセージを寄せ、「解散命令請求に関しては、力技みたいなところは感じたし、いくらでも踏みとどまることができたとは思うが、岸田さんがメディアに負けてしまったと感じる」と率直な印象を語った。それでも、浜田氏は引き下がるつもりはない。

「政府の態度はもう決まっているので、私にできることとしては、国会で取り上げられたという事実を作っておくこと。国会でのやりとりは議事録に残るので、後に歴史的に検証する人が見て、この政権ではおかしなことが宗教法人に対して行われてきたことが分かるだろう。そういう思いでやっている」

第3章

信者への差別・人権侵害

「殺すぞ」など脅迫電話

世界平和統一家庭連合（旧統一教会、家庭連合）は、安倍晋三元首相暗殺事件以降、信者や教会がさまざまな被害に遭っていることを明らかにしている。２０２３年11月７日に記者会見した家庭連合の田中富広会長は「事件以降、本当に大変な状況を経験してきている」と語る。

「会社を辞めさせられた青年がいる」「教会関連の韓国の大学を出た学生が内定を取り消された」「社会科の授業で延々と教師が家庭連合の批判をして子供が学校に行けなくなった」「テストでその解答が家庭連合を誹謗するような結論になる問題が出た」「メディア報道で過度にストレスをためた青年が自殺未遂をし、自殺者も出た」…。

同月から教団本部は集計をとり、24年７月20日現在で全国の信者や教会が受けた被害は３５１件に上っている。このうち信者が受けた被害は１６４件、教会が受けた被害は１８７件だ。

その内訳を見ると、信者が受けた被害は、暴力、通院、自殺など身体的損害を含む被害12件、器物損壊、物品破棄など物的損害を含む被害10件、不動産契約、学校・職場での言動などの差別25件、親族、友人などからの罵倒・脅迫・迷惑行為１０７件、その他10件。教会が受けた被害は、物品破棄など物的損害を含む被害7件、不動産契約、学校・職場での言動などの差別46件、親族、友人などからの罵倒・脅迫・迷惑行為116件、その他18件だ。しかしこれらは殆ど報道されていない。

「家庭連合の被害というものは、関心もなければ被害というよりも、被害者を出した当事者なので、当然そういう報いを受けて当たり前だろうというような、そういうマスメディアの見方だった」。事件後の状況を家庭連合の佐藤進広報局長はこう振り返る。

351件の被害は教団本部が把握したもので、ほかに信者の若者たちが立ち上げた「信者の人権を守る二世の会」などに寄せられた情報もある。その一部は同会ホームページに載っている。「親が病院に行くと、保険証に書いてある『家庭連合』という文字を見て受付を断られた」ケースなどは、場合によっては人命にかかわる医療現場での差別だけに深刻だ。「殺すぞ」などといった脅迫電話は全国で「優に1万件は超えるのではないか」（広報局）といい、数え切れず集計されていない。

信者らは安倍氏暗殺とは無関係の人々だ。が、元首相銃撃が驚天動地の事件だったところへ、家庭連合と係争関係にある全国霊感商法対策弁護士連絡会（全国弁連）が、「安倍晋三元首相銃撃事件に対する声明」（22年7月12日）を発して、「多くの元信者やその家族、二世信者の苦悩や葛藤、生活の困窮などの悩みに接してきた当会としては、かねてよりこのような実情について心から憂いてきたことであり、その意味で、山上被疑者の苦悩や教会に対する憤りも理解できます」と述べた。

被告の「憤り」、つまり殺意に「理解」を示す全国弁連が情報源となり、空前の報道量で家庭連合への批判、安倍氏や自民党との「接点」追及が続いた。毎日のように被害を訴える元信者が取り上げられた。

その結果、山上徹也被告の勾留先には多くの金品や差し入れが届いていると報道された。「現在のような状況を引き起こすとは思っていなかった」「2世の人たちにとって良かったのか悪かったのか分からない」。事件から2年、被告は接見した弁護団にこのように述べたという。共同通信の記事だが、一部地方紙は「想定外の状況」(6月23日付山陽新聞)との見出しで報じた。

この「想定外」に家庭連合の信仰を持つ人への人権侵害を見落とすわけにはいかない。

落書き犯供述に反省なし

「犯人は悪を退治するヒーローのつもりだったと聞き、憤りを感じた信者は多かったと思う」

愛知県名古屋市にある家庭連合の「名城家庭教会」(名城教会)の男性職員はそう話す。

2022年8月15日深夜、名城教会は出入り口の扉などに、スプレー塗料を使った「カルト」「キケン」などの落書き被害に遭った。安倍晋三元首相の銃撃事件から1カ月、家庭連合へのバッシング報道が過熱していた時期だ。

落書き被害に遭ったのは名城教会だけではない。同教会から車で20分ほど離れた場所にある、同県一宮市の一宮家庭教会（一宮教会）でも前日14日の深夜、教会の壁に「カルト出てけ」「山上バンザイ」「売国奴」といったスプレー塗料による落書き被害が起きていた。15日に行われる集会の準備のため、たまたま早く訪れた一宮教会の男性職員が発見した。

一宮家庭教会の落書き被害（家庭連合提供）

事件を捜査した一宮警察署は、付近の防犯カメラの映像などから、愛知県内に住む40代会社員の男を逮捕。男も容疑を認めた。

供述調書によると、落書き犯の男は動機を「犯罪組織まがいの宗教団体と関係する自民党への憤り」「旧統一教会の悪質性を知ってもらうため」としているが、同時に「お盆休みの娯楽」「こういうことをしたら注目されるかも」とも供述している。

男は教団について、ネット検索や週刊誌の記事で調べた結果、多額の献金を韓国に送る「売国奴そのもの」と判断。メッセージ性のある〝行動〟を起こしたいという衝動に駆られたという。

最寄りにあった一宮教会の場所を調べ、所有していたスプレー塗料を使い、14日の深夜、サングラスで顔を隠して教会の壁に「カルト」などと落書き。さらに黒のスプレーで教会名の記載された銘板を塗りつぶした。

教団にダメージを与えることができたと感じた男は、別の教会にも落書きをしようと、地図アプリで調べた名古屋市内の名城教会に車で移動。郵便ポストを黒いスプレーで塗りつぶし、同じく黒のスプレーで落書きを残した。

取り調べの中で男は落書き行為について、「腐りきった政治と宗教との関係に一石を投じる形になったのでとても満足」したとも話しており、供述調書の内容から反省の色は見えない。男は器物損壊罪および侮辱罪で同年9月、一宮簡易裁判所の略式命令により罰金20万円に処された。

23年2月には家庭連合が原告となり損害賠償を求め、東京地裁に民事裁判を提起。24年1月25日、清水知恵子裁判官は器物損壊による物損とともに、「カルト」という表現に対しても「原告の社会的評価を低下させるものである」と名誉毀損を認め、2施設での修繕費と合わせて約59万円の支払いを命じた。

「〝カルト〟という表現が社会的信用を下げるものであると、裁判所から認められたのはありがたい」と評価する教団だが、一方で「法人への解散命令が出れば歯止めが利かなくなり、これよりもっとひどい被害の横行が予想される」と危惧する。

落書き事件後、名城教会は所属する信者に対して、「落書きなら直せるが、鉢合わせすれば、何が起きるか分からない。犯人を見つけても絶対に接触しないように」という指示を出している。教団に対するヘイトが、信者たちの安全に暗い影を落としている。

車に落書き 家の窓ガラス破損も

1992年、国際合同結婚式や「霊感商法」がテレビのワイドショーに大きく取り上げられ、家庭連合への批判報道は繰り返されてきた。そのため、信者がその信仰を理由に差別や偏見、時には〝敵意〟にさらされ悩み苦しむという事態も起きていた。

安倍晋三元首相の暗殺事件前のことだが、現在首都圏で接客業をしている30代女性の島田絵理さん（仮名）は、以前勤めていた店の男性店長から嫌がらせを受けた経験がある。もともと店長から、過度な接触といった行為を受けており、不快に感じていた島田さんは、日記帳にそのことへの不満を書き連ねていた。

ある日、たまたま仕事場に日記帳を置き忘れ、中身を店長に見られてしまった。日記帳を読まれたことで家庭連合の信者であることも知られた。その後、店長からSNSを通じ、「やる気を感じない」「勤務態度が悪い」など、それまでなかった指摘や注意をされ、信仰を理由にした嫌がらせまで受けるようになる。

「知り合いの女性客から、店長が私のことを『統一教会の子だから、連絡取るのとかやめた方がいいよ』と伝えていたらしいと直接聞かされた。ほかにも何人か共通の知り合いにそう言っていたらしい」

結局、島田さんはこの店を辞めることになるが、家庭連合への信仰を理由とした嫌がらせについて、「正直な話、表に出てないようなケースは結構あると思う。信者はどこか、忍耐することを良しとするところがありますから」と懸念を示す。

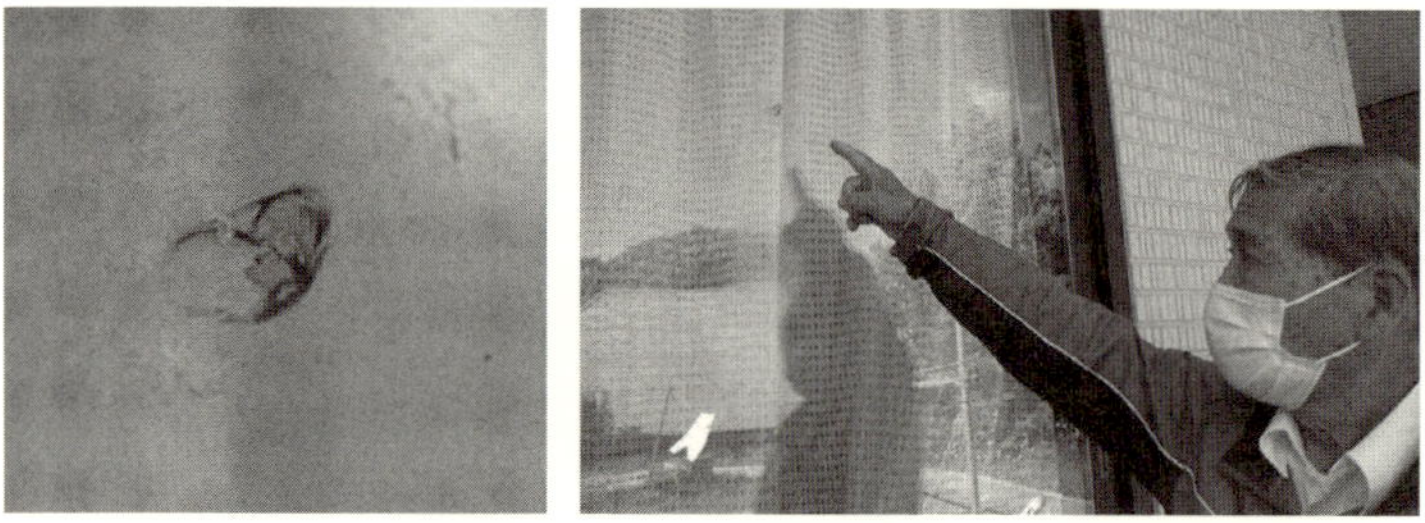

福島県内の自宅の窓ガラスに開けられた穴（家庭連合提供）

安倍元首相暗殺事件後、マスコミの家庭連合批判が過熱する中で、信仰を理由に自家用車へ落書きをされた人もいる。２０２３年10月、中部地方に住む60代女性信者・上村ちひろさん（仮名）の自宅に置かれていた車のボンネットに誹謗中傷の言葉が書きなぐられていた。油性マジックで書かれていたため、落書きは「簡単には消せなかった」という。警察にも通報し、自宅周辺のパトロールも行われたが、犯人は見つかっていない。

女性は「信仰は間違いなく心のよりどころ。このように落書きをされて大きく傷ついた」と話す。

自宅のガラスを破壊されたというケースもある。22年8月12日の深夜0時半ごろ、福島県内に住む佐々木京子さん（仮名）の自宅玄関横の窓ガラスに何かがぶつかったような大きな音がした。恐怖を覚えた佐々木さんだが、その晩はそのまま就寝。翌朝確認すると、簡単には割れないはずの複層ガラスの窓に、直径1センチメートル程度の穴が開いていた。ゴムパチンコのようなものを使ったものと推測され、後日警察に被害届を出したが、何者による犯行か、いまだに分からないという。

佐々木さん夫婦が家庭連合の信仰を持っていることを知る隣人は多かったが、そのことを今まで表立って悪く言われたことはなかった。

その後、自宅駐車場のスイッチ式の電灯が知らない間についていたり、農機具用のオイルの空き缶が敷地内に捨てられたりと、嫌がらせのような出来事が続いている。

「また同じような事件が起こるのではないかという恐怖から、夜も眠れない」という佐々木さん。最悪の場合、暴漢が自宅に乗り込んでくるのではないかという不安に今も苛まれている。

家族に亀裂　相続放棄強要も

家庭連合への批判報道によって、信者と非信者の家族や親戚との間に亀裂が深まる事態が起きている。バッシング報道の影響を受けた信者の親が、棄教の意思を書面で示すよう強要した事例もある。

熊本県在住の木村英明さん（41）は2022年7月に、父親から「（教会を）五年以内に退会します」と書かれた用紙にサインするように求められ、不本意ながら自身の名前を書いた。東京からUターンで地元に帰り親との同居も考えながら、準備を進めていた時に安倍晋三元首相暗殺事件が発生したのだ。

強く反対している父親の主張には、事実に基づかないものも混ざっていたが、特に堪《こた》えたのは、「身元の保証人」にならないと言われたことだった。Uターン後に就職が決まっていた会社に入るため、親に保証人となってもらう必要があった。しかし父親は、「辞めなければ会社に電話して、息子は統一教会だから、入社しないよう断ってもらう」とまで言いだした。

見かねた母親が「さすがに人権侵害だ」と止めに入り、最終的に保証人となる条件として、父親が用意した誓約書に木村さんが署名することで、いったんは落ち着いた。

信仰を理由とした家庭内暴力も起きている。首都圏在住の信者の足立光代さん（仮名、70代）の夫は教会に反対している。普段は穏やかだが、家庭連合の批判報道などを目にすると一変して機嫌が悪くなり、足立さんに暴力を振るうことがあった。

22年と23年にも「俺の人生をめちゃくちゃにした」などと暴力を振るわれ、足立さんは肋骨にひびが入るけがを負った。だが、夫にはそのことを伝えず、治療した病院でも不注意による室内事故として隠し通した。

足立さんは「暴力がひどくなることへの恐れもあるが、憎むのではなく許したいという思いがあったので、暴力についての話題を出すことはなかった」と話す。だが、家庭連合の解散命令請求が確定した場合、夫の反対がさらに激しくなるのではないかと憂慮している。

信者の中には親族に迫られて、相続放棄をせざるを得なかった人もいる。中国地方で暮らす新倉昭雄さん（仮名、50代）は過去、親族から強制棄教を目的とした拉致監禁の被害に遭いかけたことがある。

結果的に未遂で終わったが、その後も地道に両親との交流を続けた。母親が体調を崩した際は、違和感にいち早く気付いた新倉さんの妻がケアを行った。新倉さんの妻は「最初は会いに行っても、けんもほろろという対応だった。それでも諦めずに向き合う中で、お義母さんが生きていた頃には、主人に何度か『帰ってこないか』と打診もあった」と語る。

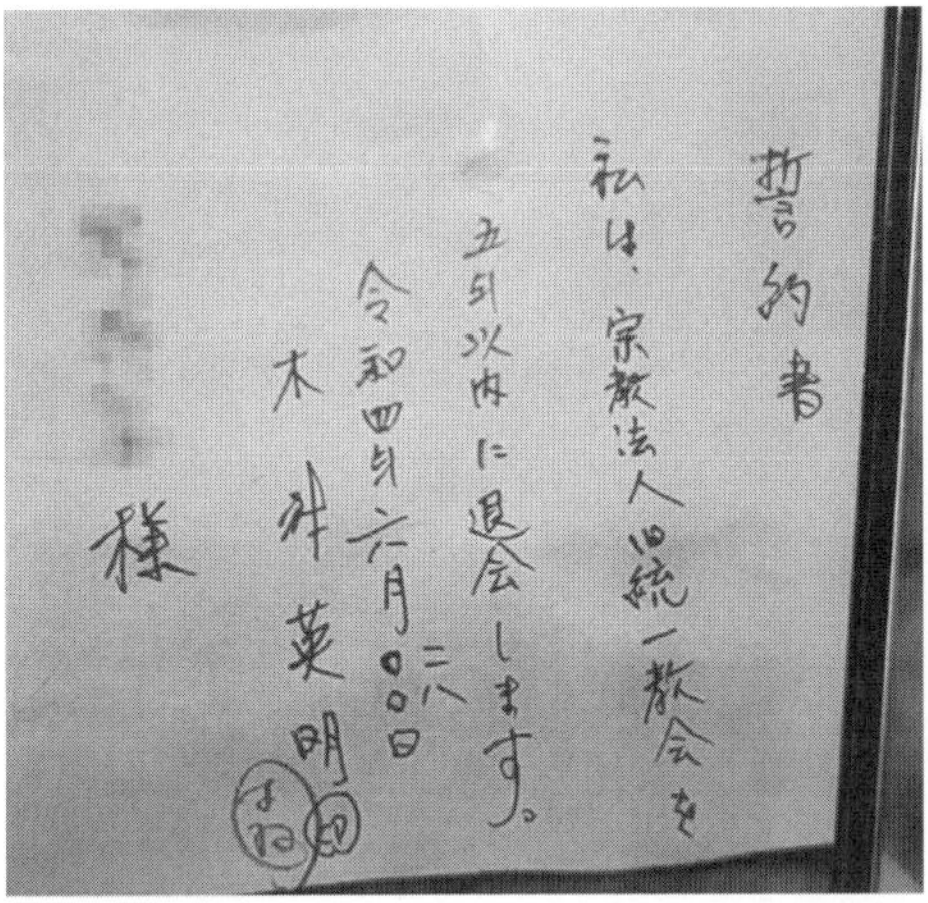

木村さんがスマートフォンで撮影した誓約書の画像。「六月」とあるが、正確な時期は「七月」だという（本人提供、写真は一部加工してあります）

だが、激しいバッシング報道で、父親を含めた親族の態度が豹変。23年、新倉さんは母親の三回忌に夫婦で参席した際、父親から「脱会しないなら縁を切る。財産放棄をしろ」と告げられた。そして、親族に取り囲まれる形で、財産放棄の意思を示す文書にサインしたのだ。

新倉さんは「父は教団に対して、テレビが報じていることを鵜呑みにし、私が長男なので実家を乗っ取られ、教団の集会所にされるという疑心暗鬼に駆られたようだ。母のケアも、そういう魂胆があったからだと疑っている」と新倉さんは悔しさを滲ませる。

新倉さんの妻も「財産放棄させられたことより、何十年も長い時間をかけて積み重ねてきた信頼関係が壊され、犯罪者のように扱われるのが悔しい」と憤りを隠さない。

偏向報道に傷つき自殺

「信者の人権を守る2世の会」代表の小嶌希晶《こじまきあき》さん（28）によると、家庭連合へのマスコミ報道が過熱して以降、2世の自殺が数件起きている。小嶌さんは「多くの2世たちが自分も知らず知らずのうちに傷ついている」と指摘する。

埼玉県在住の家庭連合信者、60代女性の大川さよ子さん（仮名）は2022年、長女のめぐみさん（仮名、当時27）を自殺で亡くした。遺書は残されていなかったが、教団への過熱報道が原因だと大川さんは指摘する。「教会への批判が、親への悪口に聞こえてストレスだったのだろう。優しい性格で、傷つきやすい子だった」

大川さんは信者としての活動、体を悪くした両親の介護、親から受け継いだ書籍や文房具などの小売業の仕事など、忙しさから家族との細やかな時間を持つことが難しかったことを悔やむ。

中学生の時、めぐみさんはいじめなどが原因で、不登校を繰り返すようになり、心療内科を受診したところ、統合失調症と診断された。高卒資格を取得後、工場勤務や派遣社員など幾つかの職場で働いた。しかし、人間関係や仕事上のトラブルに直面し、22年３月、障害者の枠で雇用されていた仕事を辞め、それ以降自宅に引きこもってしまった。

しかし、母親との仲は良好で、家族の中では「一番何でも話せる関係性」（さよ子さん）だった。しばしば一緒にカラオケへ行くこともあった。めぐみさんは教会員ではなかったが、誘えば教会のイベントやセミナーなどに参加しており、韓国の教団関連施設にも訪れていた。

亡くなった娘のスマートフォンを持つ大川さん（仮名）（2024年6月22日、埼玉県・石井孝秀撮影）

だが、安倍元首相の銃撃事件後、様子が一変。テレビやネット上に教団の批判報道が増えだした頃、めぐみさんとの関係がぎくしゃくし始める。

知り合いの信者と家の近くで話していた時、突然めぐみさんが「ドン！」と、大きな音を立ててドアを閉めたことがあった。そういった不機嫌な態度は今まで一度もなかったので、大川さんは驚いたという。また、怒ったような口調で「借金はいくらあるの？」と聞かれたこともあった。バッシング報道に登場していた元信者などの話に引きずられての言動だったのではないかと、大川さんは推測している。

ある時、めぐみさんが夜遅くなっても帰宅せず、朝になっても帰ってこなかった。大川さんがめぐみさんの友人を訪ね回ってみると、友人の一人から、めぐみさんから送られてきたというSNSのメッセージを見せてもらった。そこには「なんかもう疲れた」と自殺をほのめかす言葉が並んでいた。

午前中ずっと探したものの娘の消息は分からず、捜索願を出そうと思っていた矢先、遺体が見つかったとの知らせを仕事先で受けた。大川さんは「一緒に住んでいたのに、傷ついていたことを把握できなかった。それが不甲斐なくて悔やまれる」とうつむく。

めぐみさんからのメッセージには、自殺をほのめかす内容のほか、母親が自分を「金づる」にしようとしているという、一方的な思い込みも記されていた。

大川さんによると、まだめぐみさんが仕事をしていた頃、銀行に行く時間と手間を省くため、一時的に数千円のお金を借りたことが何度かあった。仕事を辞めた時には再就職を勧めたこともあったが、これらの出来事を曲解した可能性があるという。「偏向報道によって娘との絆も信頼も失われてしまった」と大川さんは悔しさを滲ませる。

最近は地元の教会とは、人間関係などの理由でやや距離を置いている大川さんだが、政府の出した解散命令請求には、「不当だ」と憤りを隠さない。解散命令が確定すれば、めぐみさんのように苦しんだりする人がさらに出てくるのではと危惧している。

契約白紙化に感じる差別

安倍晋三元首相暗殺事件を巡る報道は、山上徹也被告が家庭連合信者である母親の高額献金に対する恨みを供述したという警察情報が事件直後に流れ一大センセーションとなった。凶悪な事件そのものが小さく見えるほど毎日のように家庭連合批判が繰り返された。

その中で信者が差別、暴力、暴言、器物損壊などさまざまな被害を受けるようになった。２０２４年で、家庭連合は宗教法人登録から60年経つが、国際弁護士の中山達樹氏は「この間、家庭連合が犯罪に関係したことはない」とフランスで6月に開催された国際シンポジウムで強調している。

だが、岸田政権は閣議を経ず一夜のうちに宗教法人法の解釈変更を行い、質問権行使の要件に「民法の不法行為」を含むことにし、裁判所に家庭連合に対し宗教法人法の解散命令請求をした。このため信者の多くは、差別や被害がさらに増えることを懸念している。

日常の買い物に支障を来す問題もある。23年11月7日に記者会見した田中富広会長は、「不動産契約を断られた」「花や仕出し弁当の購入を断られた」「有名自動車メーカーが車の販売を禁止し、車が買えなくなった」などの事例を挙げた。

その一つは、愛知県内にある日産系列の中古車販売店で24年3月、同県の家庭連合職員が法人名義で車を買おうとして拒否されたケースだ。職員が法人名義での購入の意向を伝えたその場では問題にならなかったが、後日、契約書（法人名義）に捺印までしていたにもかかわらず、販売店の担当者から「販売できない」と連絡があった。

担当者に電話確認したところ、「世間を賑わしている団体」であり、「文科省から解散命令を請求されている」ため、「社会通念上というか、会社としても適切ではない」ことが理由だという。

東京都内ではトヨタ系列の中古車販売店でも車両購入の契約の際、入金も済ませ、納車日も決まった状況で契約を反故にされた。23年9月、教会職員が同店を訪れ、見積作成を依頼し、法人で購入する意向も伝えていた。書類のやりとりなどをしながら引き渡しの日時を定めたが、同年10月10日に販売店から連絡があり、車両販売の契約を白紙にしたいと伝えられた。断った理由はやはり、「世論を鑑みた判断」だったという。

担当の教会職員は、「こちらにとっては明らかに差別だと感じる。お金も払い、納車日も決定した上での一方的な破棄で、とても落ち込んだ」と語った。

家庭連合側は不当な差別と偏見による対応だとして、弁護士を通し、販売拒否対応の取り下げを求める抗議文を両社に送っている。

不動産契約も困難なケースがある。茨城県に住む20代の津田義博さん（仮名）は、同県内にある家庭連合の教会職員だ。津田さんは23年、親の引っ越しのために自身の名義で物件を借りようとした際、保証会社から拒否された。

津田さんは、「高齢の両親が仕事をやめることになった関係で、当時住んでいた家から引っ越すことになった。両親は埼玉に住んでおり、姉夫婦も埼玉にいたために埼玉県内で物件を探していた」と振り返る。

同年9月、物件が見つかり不動産会社とも相談の上で、両親の代わりに津田さんが自身の名前や職業、収入などを契約書に記入した。「不動産会社側は収入面しか見ていなかったので、多分大丈夫だろうと思ったようだが、その後、審査で止められたという連絡があった」。詳しい理由は教えてもらえなかった。自分の信仰する宗教のため契約が不利になったのではないかと、津田さんの胸中には釈然としない思いが残った。

声を上げ出した信者たち

家庭連合への解散命令請求が2023年10月に出され、教団信者の多くは、教団側の対応を見守ってきたが、信者たちの一部は独自に街頭に立ち、自身の意見を社会に訴え始めた。

20歳の時に新宿で声を掛けられ教団に入信した足立区在住の30代男性信者、三関和也さん（仮名）は、解散命令請求が出された23年10月から千葉県のJR松戸駅で街頭演説を始めた。

もともと「信仰を持つ人の発信が少ない。誰かこのひどい報道を跳ね返してくれないのか」という思いを安倍元首相銃撃事件以降から抱いていた。

「教会職員の中にも過去の批判報道で傷ついている人がいる。教会職員だけが信者というわけではないのだから、自分がやりたいと思っているなら、迷わず声を上げようと思った」と話す。

当然、街頭に立てば自分も批判されたり、私生活に悪影響が出たりするかもしれない、危害を加えられるのではという不安もあった。だが、始めてみると、一緒に参加する信者も増え、配布するビラのイラストを描いてくれる人も出てきた。最近は信仰を通じ、自身が成長できたことも話している。

24年1月には千葉県で「信教の自由と人権を守る千葉県民の会」が信者を中心として発足した。代表となった八千代市在住の小笠原裕さん（61）は、教団に対する社会の風当たりについて「宗教排除の論理が社会全体に広がっている。宗教界が意識して立ち上がる必要があり、そのためにまず当事者である私たちが声を上げなければ」と強調する。

3月には千葉市内でシンポジウムを開催した。国会議員や弁護士、キリスト教牧師などを招いたが、小笠原さんが重視するのは信者本人が直接街頭に立ち、率直な思いを世間に訴えることだ。

同会の理事を務める千葉市在住の川原義昭さん（63）も、23年秋からJR千葉駅前で街頭演説を始めた。川原さんは「家庭会」と呼ばれる信者同士の横のつながりから、街頭演説の取り組みを全国へと展開。24年7月には開催場所が１４０カ所を超えるなど、その輪は着実に広がっている。

街頭に立って、妨害されることもたびたびあった。24年5月ごろ、通行人から目の前で暴言を繰り返され、見かねて仲裁に入った人すら川原さんが〝旧統一教会〟と知ると、手のひらを返して暴言に加勢した。川原さんは警察を呼んだものの、警官はトラブルを真剣に取り扱おうとはせず、いつの間にか姿を消した。

シンポジウムで街頭演説の体験談を話す川原さん（2024年3月、千葉県千葉市）

「人々の偏見を正すのは簡単ではないが、誠実に真実を訴え、共感してもらえる人を見つけていくことが大切だ」。川原さんは、街頭演説を通じて教団内部の改革にもつなげたいとも考えている。

「信者はトップダウンで動きやすく、自分の言葉や意見を表現する機会が少なかった。街頭に立つことで一人一人の主体性を育て、可能性を開いていきたい」と語る。

福岡市在住の伊藤大地さん（70）もそう

考える信者の一人。一連の報道に理不尽さを感じ、22年9月以降、街宣活動で信教の自由について発言するようになった。それをネット上で配信すると、全国の信者から「勇気ある行動に感動」と多くの反響があった。「教会が組織として動かないのであれば、信徒が立ち上がらなければと思った」と訴える。さらに、「自分たちだけの言い分を主張するだけでなく、国難の状態にある日本はどうあるべきか。国のことを考えた上で、力強いメッセージを発信する必要がある」と意欲的だ。

24年6月に熊本県熊本市で信者らは「基本的人権・信教の自由を守る熊本県民の会」を結成し、市内でデモ行進をした。一般大衆にアピールする動きは全国各地に広がっている。

TOPIC

宗教に献金で〝準禁治産者〟？――危険な法整備求める全国弁連声明

「不当寄附勧誘防止法」（２０２３年1月5日施行）の施行後2年をめどとする見直しに向け、全国弁連が「かつての準禁治産制度類似の制度」の導入などを求めている。同法は、安倍晋三元首相暗殺事件で逮捕された山上徹也被告が、母親が入信する家庭連合への高額献金を犯行動機として供述したとされる報道から起きた同教団批判を契機として制定された。だが、宗教を信じお布施、寄付、献金を行っている人を〝準禁治産者〟扱いにすることは、家庭連合だけでなくすべての宗教への影響が懸念される。

＊　＊

全国弁連は24年9月21日、「旧統一教会の被害救済のため法整備求める」という声明を発表している。その中の「不当寄附勧誘防止法の見直しについて」では、22年12月10日に成立した同法の付則に施行後2年をめどに「検討を加え、その結果に基づいて必要な措置を講ずる」と定めていると指摘。この検討の際に、「際限なく献金をさせられている信者」の家族が「家庭裁判所の監督の下で、信者本人に代わって献金を取消し、その財産を管理することのできる制度（かつての準禁治産制度類似の制度）を設けるよう求める」と要求している。

準禁治産制度は禁治産制度と併せ戦前から１９９９年度末まで続いた制度で、今の成年後見制度の前身。「禁治産」とは自分で意思決定する能力がない「心神喪失」の状態にあり、自分で財産を管理・処分することを禁じられていることを指す。「準禁治産」は、心神喪失とは言えないが、統合失調症、アルコール・薬物中毒などによる精神機能の障害で判断能力に支障を生じたケース。そのような者に家庭裁判所が準禁治産の宣告をすると準禁治産者になり、保佐人（多くの場合は家族）を選任、保佐人の同意のない賃借などの法行為を取り消すことができ、刑法上は刑が減刑された。

このような制度を寄付行為にも当てはめるのは、信仰を持つ人の宗教行為をある種の精神疾患と見なす差別を助長しかねない。

ほかに声明では、▽同法の行政処分の要件・処分基準の見直し▽禁止行為の要件の規定の見直し▽宗教法人以外の宗教団体への適用——などを要求している。その背景には同法施行後、消費者庁が公表した不当寄付勧誘を訴える情報の処理件数で「勧告又は命令を実施したものも勧告又は命令を実施する法令上の要件を満たさないものは1件もないとされている」と、全国弁連は同法に抵触する案件がないことを問題にしている。だが、要件を満たすものも要件を満たさないものもないということは、ほとんどが関係ない情報が寄せられているからだ。

同法に関して消費者庁に寄せられた情報のほとんどは、「寄附ということに関わらない」人間関係のトラブル、金銭トラブル、行政への意見であったと23年11月2日の記者会見で新井ゆたか消費者庁長官は語っている（同庁HPから）。また、調査対象情報の大半は匿名や連絡先を記さない人物からのもので、同長官は「情報提供フォームでも、必ず連絡先を書いてくださいとしております」と注意を促している。

同法では禁止行為として、①不退去（訪問先で寄付を求め帰らない）②退去妨害（来場者に寄付を求め帰らせない）③勧誘をすることを告げず退去困難な場所へ同行④威迫する言動を交え相談の連絡を妨害⑤恋愛感情等に乗じ関係の破綻を告知⑥霊感等による知見を用いた告知――を規定。

消費者庁の入る中央合同庁舎第４号館（東京都千代田区）

寄付者への配慮義務として①自由な意思を抑圧し、適切な判断をすることが困難な状況に陥ることがないようにする②寄付者やその配偶者・親族の生活維持を困難にすることがないようにする③勧誘する法人等を明らかにし、寄付される財産の使途を誤認させる恐れがないようにする――ことが定められている。違反には、必要な措置を求める勧告や命令がなされる。さらに虚偽報告に対する罰金、命令違反への拘禁刑が定められている。

同法施行に当たり消費者庁は、「寄附勧誘対策室」を設置し情報を受け付けており、23年度は1701件の相談のうち調査対象情報件数は124、そのうち処理件数は85、調査中39だが、「勧告又は命令を実施したもの」はゼロだった。

なお、24年度10月までに「勧告又は命令」があったかについて家庭連合本部に問い合わせたところ、「ない」との回答だった。

「マインドコントロール」条文化回避　警戒を要す言い換え

ちなみに安倍氏の事件が起きる前、消費者庁に寄せられた全ての消費生活相談のうち「旧統一教会」に関して見ると、21年84万6922件のうち27件、20年94万2536件のうち33件、19年93万9645件のうち57件、18年99万6807件のうち61件、17年94万1560件のうち57件、16年89万7334件のうち77件、15年92万9994件のうち88件…と相談件数の中でも少ない上、減少傾向にあった。また、同法制などにより22年に相談件数は増えたが、同法に触れる案件は出ていない。

「大山鳴動して鼠《ねずみ》ゼロ匹」「法律作ったけど一度も使われていないのだとすれば、本当にそれは必要だったのか、という議論は当然出てきてしかるべき」と、国際弁護士の中山達樹氏は自身のブログで疑問視している。

確かに、22年秋の臨時国会は旧統一教会問題に明け暮れ、会期末に同法成立となった。だが、共産党や立憲民主党など野党は「マインドコントロール」の文言を盛り込むよう求めて与党と対立した経緯がある。マインドコントロールは米国の心理学会で認めていない〝似非《えせ》科学〟であり、家庭連合以外の宗教団体も強い反対の声を上げた。このため同法の「マインドコントロール」の条文化は回避された。

しかし、同法付則の施行2年をめどとする見直し時期を控え、全国弁連が声明で訴える「かつての準禁治産制度類似の制度」の導入は、マインドコントロールを言い換えた表現といえ、警戒を要する。このような要求の暴走により、宗教を信じる人たちへの新たな差別や人権侵害が懸念される。

また、家庭連合に対する全国弁連のような宗教団体を標的にした弁護士らによる献金取り消し、返金請求活動の活発化、あるいは入信して寄付や献金をしたものの離教した個人による本人訴訟などが乱発しかねない。宗教団体はもとより、あらゆる寄付を募っている法人・団体を巻き込む問題である。

第4章

一線を越えたマスコミ

太田光氏「一方に過熱」報道を危惧

「テレビは自民党議員と旧統一教会の繋がりの追及に躍起になっている。一方向に過熱するのはテレビの悪い癖だ、と私は思っている」

お笑いコンビ爆笑問題の太田光氏が2022年9月末、一冊の本を上梓した。『芸人人語 コロナ禍・ウクライナ・選挙特番大ひんしゅく編』。朝日新聞社が発行する文芸月刊誌『一冊の本』20年12月号から22年8月号までの連載を加筆・修正してまとめたもので、333ページもあり、最近の本にしては厚みのある本だ。冒頭の言葉は8月初め、そのあとがきに書いた。

太田氏は政治や社会問題も話題にする日曜日朝の時事バラエティー『サンデー・ジャポン』（TBS）のMCを務める。テレビのワイドショーなどが世界平和統一家庭連合（旧統一教会、家庭連合）について「霊感商法」や高額献金問題を取り上げ、批判一色となる中、「教え自体が間違っているとは誰も言えない」などと、他のコメンテーターとは一線を画す発言をたびたび行ってきた。しかし、他の出演者から即座に否定発言が出た。またSNS上では「擁護している」「テレビに出すな」とバッシングを受けた。

「私にとって大切なのは、政治でも宗教でもなく『テレビ』だ」と、テレビへの強い思い入れを持つ太田氏。だからこそ、安倍晋三元首相暗殺事件から1カ月余りしか経っていない時点でも、「一方に過熱する」テレビ報道ぶりに危惧を抱いたのだろう。

事件発生直後、山上徹也被告は犯行動機について「教団に恨みがあった」と警察に供述したとの報道が一斉に流れた。マスコミは、それが教団関連団体のイベントにビデオメッセージを送った安倍氏暗殺に繋がったとの前提で教団批判報道を繰り返した。

このマスコミの状況について太田氏はあとがきで「断片的に聞こえてくる供述だけをたよりに事件の全体像を決めつけて『政治と宗教』の話にしてしまっていいのか」と嘆いている。

教団への恨みが信者でない安倍氏に向かうのは不自然である。しかも母親が教団に高額献金を行い、自己破産したとされるのは２００２年、つまり20年前、同被告が21歳の頃だった。犯行の動機が教団への憎悪だとすれば、年月が経ち過ぎている。暗殺事件と動機に距離感があるだけでなく、恨みを持った時期と事件発生との時間差も大き過ぎる。この間、同被告に何があったのか。

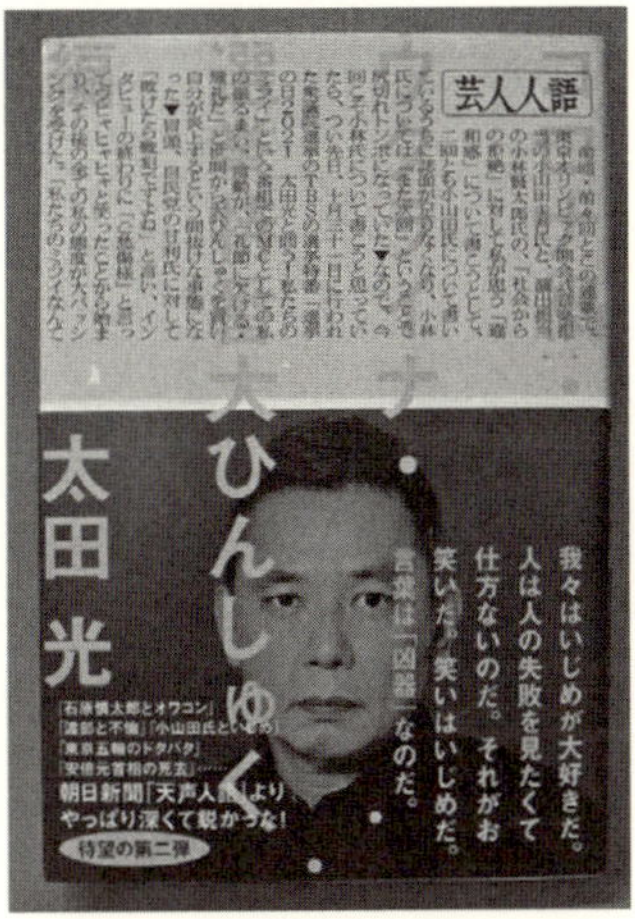

『芸人人語　コロナ禍・ウクライナ・選挙特番大ひんしゅく編』（太田光著、朝日新聞出版）

断片的に伝えられた犯行動機と現実に起きた凶悪犯罪とのギャップについて、違和感を口にするテレビ・コメンテーターはいた。しかし、事件の全容を知る上でのカギと言っていい、この疑問を明らかにすることは、ワイドショーをはじめマスコミが、教団批判に過熱することで脇に追いやられてしまった。

番組制作者たちの脳裏に「信仰の自由」という概念が思い浮かばなかったわけではないだろう。しかし、「無宗教」が当たり前とされてきた戦後の社会風潮の中で、信仰について深く考えた経験を持つマスコミ関係者はあまりいないのではないか。ましてや「信仰の自由」を侵害することは民主主義の根幹を揺るがす重大問題だというところまで考えが及ばなかったのだろう。

テレビはユーチューブ番組などに押されて、視聴率の低迷が続く中、視聴率アップの追求に血眼になっている。これが教団批判で過熱することに繋がったとも考えられる。

あとがきで太田氏は、ワイドショーが反家庭連合に偏った要因を考える上で重要な事実を明らかにしている。20年以上続く番組の中で、安倍氏暗殺事件が発生するまでは「一度も統一教会の話題を取り上げた記憶がない。今の若いスタッフには統一教会という名前すら知らないのがほとんどだ」。

これはテレビ関係者に限ったことでなく新聞などの記者も似た状況にある。そこで、番組製作者や記者たちが情報源として頼ったのは、長年、教団からの被害を訴えている元信者の弁護をする弁護士や、反対する立場から取材してきた鈴木エイト氏や反教団活動家だった。彼らはワイドショーから引っ張りだことなった。一方で、家庭連合広報局によると、『サンデー・ジャポン』からの出演要請は一度も来ていない。

家庭連合を巡るマスコミ報道について、『潜入　旧統一教会』（徳間書店）の著者でノンフィクションライターの窪田順生氏は「『旧統一教会報道』と言いながら『被害者報道』になっている」と指摘する。信仰の自由を守るべきマスコミが批判一方で過熱、一線を越えて暴走してしまう構図はこうして出来上がった。

テロリストへの同調煽る

２０２３年４月15日午前、衆議院和歌山１区補選の応援のため、雑賀崎《さいかざき》漁協に駆け付けた岸田文雄首相を狙って、パイプ爆弾のような物が投げ付けられる事件が発生した。逮捕されたのは木村隆二被告（24＝当時）だった。

事件から３日後、国際政治学者の細谷雄一氏はツイッター（現Ｘ）で次のことを指摘した。「テロリズム研究では、テロリストの犯行の背景を理解しようという姿勢自体が、テロリストの目的達成を幇助《ほうじょ》するということが一般的理解」。つまり、同様の事件を繰り返させない要諦は、報道機関が犯行動機を無視することだ。

だが、安倍晋三元首相暗殺事件の全体像が見えないのに、マスコミは「宗教団体に恨みがあった」という、捜査当局のリーク情報に飛び付き、それが犯行動機だという前提のもと、報道を過熱させていった。

お笑いコンビ爆笑問題の太田光氏は、岸田首相襲撃事件が起きる前に上梓した『芸人人語　コロナ禍・ウクライナ・選挙特番大ひんしゅく編』のあとがきで、次のように書いている。

「（山上被告の）供述の言葉が本当なら、今のテレビの動きは、犯人の思惑通りに進んでいる。何かを主張する為の手段が殺人であっていいのか……テレビは『政治と宗教の関係』を追及すると同時に同じ熱を持って、『実力行使』は何の効果もないんだ。ということを、メッセージとして発信しつづけなければならないと思う」

教団追及に過熱するテレビ報道が第2、第3の山上被告を生み出しかねない状況に危機感を示す発言は、太田氏自身がＭＣを務める『サンデー・ジャポン』（ＴＢＳ系）でも行った。しかし、これも「教団擁護」としてバッシングを受けた。

実質、山上被告のテロを成功させてしまっている現状に警鐘を鳴らし、〝炎上〟した有識者はほかにもいる。首相襲撃事件から2日後、朝のワイドショー『めざまし8』（フジテレビ系）に出演した社会学者・古市憲寿氏は次のような見方を示した。

「安倍氏暗殺事件と、それから1年と経っていない時期に起きた襲撃事件の二つは選挙遊説先で起きている。まだ不明な点が多く、木村被告は山上被告の「模倣犯」と断定するには早いが、同被告による事件に刺激されたとみて間違いない」と。

この番組では、弁護士の橋下徹氏が、政治の問題に踏み込む発言を行った。「安倍元首相を襲撃した山上被告の、あの行動によって、報道だけじゃなく実際に国が動いた。法律を作っ

筒状の物体が投げ込まれ、身をすくめる岸田文雄首相（中央）（2023年4月15日午前、和歌山市、目撃者提供）（一部画像処理しています）

て。もちろん旧統一教会をきちっと是正していく、問題があれば対処していくのは当然だが、山上被告の行動によって国家が動いたという現実をつくってしまったことは大きな問題だ」。テロで国が動くように煽ったのは、教団批判で過熱したマスコミ報道だった。

『芸人人語』の最後に収められたのは「一冊の本」22年8月号掲載の原稿だ。首相在位期間が憲政史上最長を記録した安倍氏が公衆の面前で殺害された事件から数日後に書いたとみられ、太田氏をはじめテレビ局関係者の動揺ぶりが伝わってくる。その中に次の一文がある。

「犯人が語る犯行動機だって、それが本心かどうかもわからない。もしかすると、犯人自身にもわからないかもしれない。地下鉄サリン事件にしろ、ケネディ大統領暗殺にしろ、結局それが何だったのかを、これだけ時間が経っていても、明確に説明出来る人間はいない。むしろ時間が経過すればするほど、『言葉』や『情報』が増え、『真実』から遠くなるかもしれない」

安倍氏暗殺事件から2年になろうとする24年6月末、山上被告に接見した弁護団は、政府による教団への解散命令請求などについて、同被告が「この状況を引き起こすとは思っていなかった」と語ったことを明らかにした（日経新聞）。さらに「（事件前は）追い詰められており、先を想定したものではなかった」とも。もしこの言葉が本当だとするなら、犯行動機がはっきりしない段階から「一方に過熱」する報道や言動を続けたテレビ関係者やコメンテーターはどう受け止めるのだろうか。

公正さ欠き「放送基準」逸脱

民間のテレビとラジオ各社が加盟する日本民間放送連盟（民放連）は各社が「番組基準」を策定する際の参考として、共通のルール「放送基準」をまとめている。放送によって傷ついたり不快な思いをする聴視者が出ないようにするためだ。

そこでは「報道の責任」として次のように定める。「取材・編集にあたっては、一方に偏るなど、視聴者に誤解を与えないように注意する」。「宗教」の項目では「宗教の教義、儀式にかかわる事物を取り扱う場合は、その宗教の尊厳を傷つけないように注意する。宗教とは直接的な関係がない場合でそれらを用いる場合は特に注意する」としている。

民放連に加盟するＴＢＳの『報道特集』（２０２２年8月27日放送）は家庭連合の宗教儀式「合同祝福結婚式」に30年ほど前に参加し、その後脱会・離婚したという元信者（女性）5人へのインタビュー内容を放送した。

韓国人と結婚した女性たちは、地方の農家に嫁いで貧困生活を強いられたり、夫の暴力に苦しめられたりするなど、過酷な体験をカメラの前で語った。嘘を言っているようには見えず、視聴者の同情を誘うものだった。

宗教団体の問題点を探るとき、元信者から話を聞くのは当然のことだ。理不尽なことがあれば、それを視聴者に知らせることも意義あることだ。しかし、そこには注意が必要だ。信仰を持つのは、教団の教えに救いや心の安らぎを感じるからだが、脱会すると、入会していた教団を否定するため、信者時代に体験した「負」の部分を実際より誇張して告発することが珍しくない。脱会者、特に反教団活動を行う元信者の話は、この点を留意して聞く必要がある。

しかも、家庭連合の信者で「全国拉致監禁・強制改宗被害者の会」代表の後藤徹氏によると、出演した5人の中に、後藤氏を12年5カ月にわたって監禁して棄教を迫った家族らの一人、兄嫁が含まれていた。このため、同氏は「異常な人権侵害」を行った人物を出演させ、一方的な批判をさせているとして、TBSに抗議文を送っている。

ところが、キャスターの一人、膳場貴子氏は元信者たちの話を前提に「教団はカルト的な思考回路によって信者が辛さを感じない状態にした上で、見知らぬ人との結婚で心身ともにリスクを負わせる」と、いわゆる「マインドコントロール」理論を持ち出し祝福結婚式を非難。それればかりか、「合同結婚式は、この教団の人権侵害の最たるものだなと思った」と断罪した。

家庭連合のウェブサイトによれば、祝福結婚式は「全世界から集まった男女が、宗教・宗派、思想、民族や国境の壁を越え、神様を中心とした家庭を築くために神様を中心とした結婚式を執り行うもの」だという。

元信者の彼女たちと同じように、この宗教儀式に参加、韓国人男性と家庭を築いている日本人女性は韓国に数千人存在するという。そのことは番組も触れた。しかし、中立公正の観点からは、幸せな家庭を築いている信者の姿も紹介すべきだったろう。家庭連合広報局によると、『報道特集』から祝福結婚式に関する取材はなかった。

祝福結婚式に参加した信者が築いた家庭は日本にも多い。膳場氏の発言は宗教儀式の尊厳を傷つけることを戒めた放送基準を逸脱するばかりか、祝福結婚式参加者と、そこに生まれた子供の心を傷つけるものだ。教団による人権侵害を批判しながら、信者の人権を侵害するのはダブルスタンダード（二重基準）であり、家庭連合を巡る偏向報道の代表的な事例と言える。

典型的印象操作も反省なし

２０２３年4月15日、衆院補選の応援演説を行う岸田文雄首相のそばに爆発物が投げ込まれた事件の後、時ならぬ「テロリスト」関連報道の論争が起こった。

既に報じた通り、国際政治学者の細谷雄一氏は、「テロリストの犯行の背景を理解しようという姿勢自体が、テロリストの目的達成を帮助する」という〝テロリズム研究の一般的な理解〟をツイッター（現X）で指摘した。しかし、日本ではこのような理解は、一般的ではない。

自民党の細野豪志衆院議員は事件後、「私はテロを起こした時点でその人間の主張や背景を一顧だにしない。そこから導き出される社会的アプローチなどない」と表明。犯人のツイートの内容などが報じられるようになると、「岸田総理を襲撃した男の人物像、テロの動機について報道合戦が始まった。私はこれらの報道に『売れる』という以外の価値を感じない」などと主張。ほかにも同様な意見がネットで広がった。

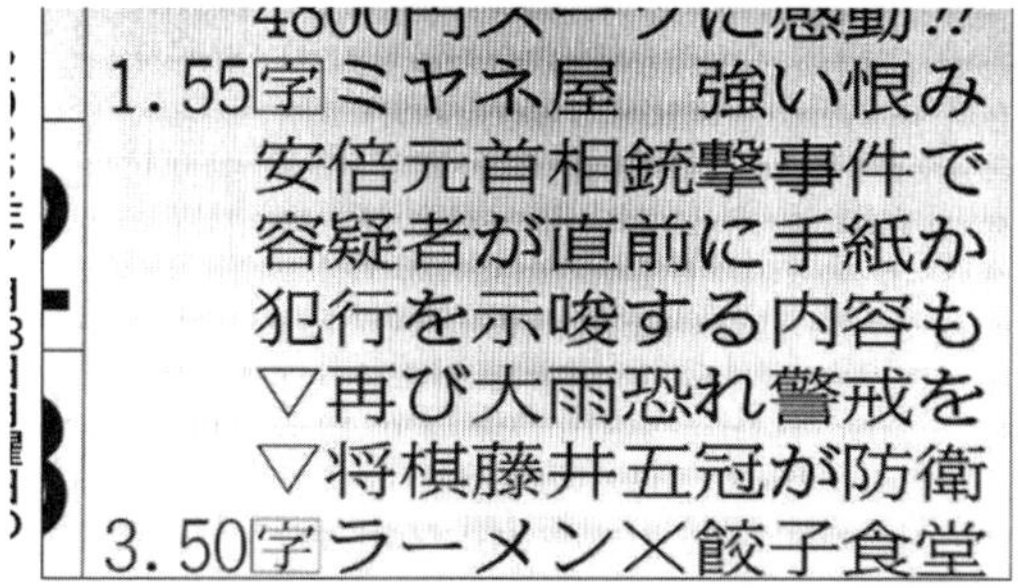
1.55字ミヤネ屋　強い恨み
安倍元首相銃撃事件で
容疑者が直前に手紙か
犯行を示唆する内容も
▽再び大雨恐れ警戒を
▽将棋藤井五冠が防衛
3.50字ラーメン×餃子食堂

2022年7月18日月曜日のテレビ欄に掲載された「ミヤネ屋」の番組内容

これに対し東京新聞は特報部の「『犯人の動機を報じるな』はどういう理屈」（同4月22日Web掲載）という記事で、「与野党問わず政治家が報道について『これは報じるな』と言い出した時点で、民主主義の根幹は崩れる」（ジャーナリスト青木理氏）などと反論。朝日新聞デジタルも「テロ事件の報道規制論と『愚民観』 私たちの『共感』は暴走しない」（同5月16日掲載）の記事で、「こうした議論は『愚民観』に基づくもので、リベラルデモクラシー（自由民主主義体制）の崩壊につながる」（犬塚元・法政大教授）と指摘。ほかに多くの反論がネットを賑わした。

もちろんテロ犯罪の報道では動機や背景もテーマである。ただ、その報道は細心の注意を払わなければ、犯人の目的を手助けする結果を生みかねない。問われているのは、現役首相を狙った爆発物テロという模倣犯が生まれる深刻な事態を生み出す背景にあった報道の在り方だ。安倍晋三元首相銃撃犯に関連する報道はメディア側の責任で検証されるべきだ。

22年7月18日の読売テレビ『情報ライブ　ミヤネ屋』は、山上徹也容疑者（当時、現在は被告）が犯行直前にジャーナリストの米本和広氏に送った手紙の全文を画面に映すだけでなく、「母の入信から億を超える金銭の浪費、家庭崩壊、破産…この経過と共に私の10代は過ぎ去りました。その間の経験は私の一生を歪ませ続けた…」などという自己弁護から、「統一教会」の教祖一族に対する恨み事と明確な殺害意図など、一言一句省かず、そのままの表現で女子アナウンサーが読み上げた。

宮根誠司氏がこの手紙に沿って、「信者の方はもちろん苦しんでいらっしゃる方もいるんですが、やはり2世信者と言われる方で、そこで苦しんでいる人たちがたくさんいる」…など、教団の信者や2世信者の多くが苦しみ、家庭崩壊しているという前提のもとに論議を進める。

その過程で、山上被告のものと思われる米本氏ブログへの書き込みの抜粋を3回（20年12

月のもの)、さらに山上被告のツイートや他の書き込みの抜粋を4回(21年5月、19年10月、20年8月、22年6月のもの)、いずれも文面を画面に映し出して、女性アナウンサーが読み上げていった。

これは視覚と聴覚を同時に刺激する典型的な印象操作の手法だ。安倍元首相の銃撃死から10日後に、犯人の主張をここまで徹底して公共電波を使って報じるのは、とても正当な報道とは言えない。山上被告によるテロについては、動機や背景が何度も繰り返し報じられ、一種の洗脳を思わせるものだった。それにもかかわらず、現在に至るまでその検証も反省も、それに伴う懲戒も行われていない。

公判前に山上被告を主人公化

2022年7月8日午前11時36分に奈良県・大和西大寺駅の北口ロータリーで発生した事件から2年が過ぎた。日本テレビは盆休み中の24年8月13日、『ザ!世界仰天ニュース2時間スペシャル』で「安倍晋三元首相銃撃事件」をドラマにして放送した。

「男はいつから襲撃を準備したのか。…なぜ安倍元総理は標的にされたのか。…警察庁による報告書、明らかになった供述、関係者への取材などをもとに再現する」。このようなナレーションで始まり、主人公となるのは「男」、つまり現行犯逮捕された山上徹也被告。よく似せた俳優が警察での取り調べのシーンを含めて演じている。

「明らかになった供述」とあるが新しいものはない。「母が宗教団体にのめり込み多額の献金で家庭生活がめちゃくちゃになりました。「宗教団体のメンバーを狙おうと思いましたでも難しいと思い、安倍元総理を狙いました」……。

主人公は警察の取り調べにこのように話し、「この宗教団体は後に世界平和統一家庭連合、いわゆる統一教会であることが明らかになる」（ナレーション）としてドラマは展開する。

事件後の過熱報道の中で、既に月刊総合雑誌『文藝春秋』など活字メディアが盛んに被告の半生を読み物にした。これをテレビでドラマにしたことが新しい試みなのだろうが、大きな問題がある。

なぜなら、ドラマの最後に言及したことだが、「山上被告は殺人などの罪で起訴されていて、事件を巡る詳細な事実関係や犯行動機の核心は裁判で明らかになるが、現在裁判がいつ始まるのか見通しは立っていない」からだ。詳細が明らかでないのに、公判前の印象操作になりかねない。

また番組は、元信者が集団で教団を相手取った訴訟で勝訴した裁判から、17歳で入信した女性のケースをドラマ化。教義を学ぶ合宿、霊感商法の様子、韓国人が結婚相手になり国際合同結婚式に参加、その後の「家族の説得」による脱会など、元信者の体験から教団を批判した。

一方、事件の再現ドラマは、被告がルポライターのブログの掲示板に書き込んだ「我、一命を賭して全ての統一教会に関わる者の解放者とならん」「不思議な事に私も喉から手が出るほど銃が欲しい」との言葉を銃撃の決意とみて、勧善懲悪を思わすドラマチックな効果音とともに、クライマックス化しているのである。

ちなみにドラマでは安倍氏の死因を、「左の肩から入った銃弾による左右鎖骨下にある動脈が損傷したことが致命傷になった」と奈良県警の発表で説明。救命治療をした奈良県立医大付属病院での「右前頸部から入った弾が心臓および大血管を損傷し失血死したとみられる」との記者会見内容は無視されていた。

「なぜ安倍元総理は標的にされたのか」について、ドラマは教団の関連団体・天宙平和連合のイベントに寄せた安倍氏のメッセージ動画を主人公がパソコンで見る場面をあてている。そして岸信介元首相が教団を日本に招き入れ孫の安倍氏も教団と関係があると思ったとして犯行に及んだものとして描いていた。

また、文鮮明教祖と岸氏が会っている写真を放映し、自民党と教団との「接点」に触れた。教団と自民党に批判が高まり、政府は裁判所に教団の解散命令請求をする。――このドラマからは安倍元首相を殺害した被告に強い怒りはわき上がらない。主人公になると生い立ちや事情、気持ちが表現され、人としての共感を誘う。

これに対して教団の信者は、合宿で教義を教え込まれ、恋人と別れさせられたりなど人間性を失ったように描かれる。人間的に描いたのは被告の方だ。マスコミが生んだ「山上ストーリー」での被告と信者の描き方の差が、ある種の倒錯現象を生んだのではないか。

表現の自由侵す〝生ツッコミ〟

A「犯人とされる容疑者が、当法人・家庭連合への恨みを動機として行動に出たという報道に触れ、私どももとても心重く受け止めております。社会の皆さまにもさまざまにお騒がせしていることに深くおわび申し上げます」

B「謝っているポイント違いますね。あくまでひとごとです」

この〝やりとり〟は2022年8月10日、タレントの宮根誠司氏が司会を務める日本テレビ系列の読売テレビ『情報ライブ　ミヤネ屋』が中継した家庭連合の田中富広会長による日本外国特派員協会での記者会見の冒頭部分だ。

Aは田中氏、Bは家庭連合情報に詳しいとされるジャーナリスト鈴木エイト氏だが、2人が実際に会見会場でこんな〝やりとり〟をしているのではない。田中氏が会見文を読み上げる画面上に鈴木氏の画面枠を重ね、田中氏の発言が英語に逐語通訳される間に、番組が鈴木氏にリアルタイムで〝生ツッコミ〟を入れさせたものだ。『ミヤネ屋』はこれを「紀藤（正樹）弁護士×鈴木エイト氏　生解説」とのテロップを入れた。

当時、安倍晋三元首相銃撃犯の動機とされた「旧統一教会への恨み」と関連し、教団トップの記者会見には関心が高まっていたが、テレビ業界には教団側の主張をそのまま生中継することへの懸念もあったようだ。ありていに言えば、「視聴者に誤った情報を送りかねない」（東スポWEB、22年8月11日掲載）ということだ。

2022年9月22日にテレビ放送された「情報ライブ ミヤネ屋」

教団側の主張も正しく伝え、それについて反論等があればそれも平等に伝えるというのが報道の大原則のはずだが、『ミヤネ屋』がとったのは、上記のような手法で、これは、それ以降の教団側の記者会見の中継放送に受け継がれ、エスカレートした。

同年9月22日に放送された家庭連合教会改革推進本部の勅使河原《てしがわら》秀行本部長と顧問弁護士の福本修也氏の会見では、画面両サイド下に2人の「生解説」者（同日は教団批判のジャーナリスト有田芳生氏と鈴木エイト氏）の画面を重ね、各氏が「異議あり！」と書かれた横長の札を出すと、画面に「異議あり！」の赤札が登場し、その後で、各氏の主張が短い文章で示された。

この『ミヤネ屋』の手法は報道の常軌を逸したものだ。

テレビ画面は、完全に不公平な空間になってしまった。教団側には反論する機会を与えず、次から次へと移動するあらゆるテーマにおいて、批判する側の主張だけが最後に放映され、教団側がでたらめな主張をしているようなイメージしか作り出されない。教団側には説明や意見を表明する権利はないと言わんばかりの番組作りで、公平性を欠くばかりでなく、教団側の表現の自由を著しく侵害するものと言わざるを得ない。

例えば、田中氏の会見で、「上記コンプライアンスの徹底により、霊感商法と称される類いのものは当法人の信徒において行われていませんし、被害報告もありません」と述べると、鈴木氏は「商品を介在させない霊感商法をやっているわけなんです。献金の引き換えに何かを授けるとか、…やり方を変えているんですよ」と語った。しかし、これは田中氏が言っていることとは違う「商品を介在させない霊感商法」なる別の概念を持ち出して論点をずらす、典型的な詭弁の手法だ。

この時は、鈴木氏が「この壺を何百万という売り方ではないんです」と語り、コメンテーターのパトリック・ハーラン（パックン）氏から「じゃあ今、（霊感商法を）行っていないのは間違いない」と突っ込まれ、「そうですね。商品を介在はさせてはいません、基本的に」と答えざるを得なくなった。

いずれの記者会見中継も宮根氏が教団批判の専門家たちに一方的に見解を述べさせる形で放送を終了しており、一線を越えた偏向報道と言わざるを得ない。

第5章

歪められた「2世」像

両親と和解し信仰の道へ

親が世界平和統一家庭連合（旧統一教会、家庭連合）の熱心な信者だった場合、その子供たちは悲惨な境遇にあるというイメージが社会に強まっている。教団の地方の教会長だった父親を持つ離教2世の女性、小川さゆりさん（仮名）の体験談などが、マスコミに大きく取り上げられる一方、自らの意思で信仰を選択した2世が存在することは無視されてきた。

「私が教会に残るか離教するかを決定付けたのは、まさに親子関係だった」

そう語るのは千葉県在住の30代女性、大下美恵子さん（仮名）だ。子供の頃は群馬県に住んでおり、教会長の父親は単身赴任で、自宅に帰るのは1～2カ月に1回というほど多忙だった。それでも収入は少なく、母親が一家の生活を支えていた。着たい服も買ってもらえず、家具も不用品をもらって使っていた。女手一つで家族を養っていた母親は時々ヒステリックに怒ることもあったという。

「小学校まではその生活が当たり前だったが、さすがに思春期になると学校の友人たちの家と見比べてみて、自分の家庭の特殊さに気付くようになった」と大下さんは苦笑する。

家の中にホッとする空間がないことに居心地の悪さを感じた大下さんは、次第に部活や学校の友人たちとの交遊に没頭。帰宅時間も遅くなり、時には夜中に抜け出したこともあったため、両親から心配された。だが、「遅くまで遊ぶことの何が悪いのか」と納得できなかった。教団の教義として将来の結婚に備え、男女ともに異性関係を「清く保つ」ことが求められていたが、禁欲的な指導に「自由がない」と反発心が湧いた。家庭内では「親に暴言も吐いていたし、目の前で料理を捨てたこともあった」など、衝突が絶えなかったという。

鬱屈した感情のやりどころも分からないまま、高校卒業後は「2世をやめて家出しよう」と計画。かばんにお気に入りの服をまとめ、友人たちには家庭の信仰を告白して「助けてほしい」とも話していた。

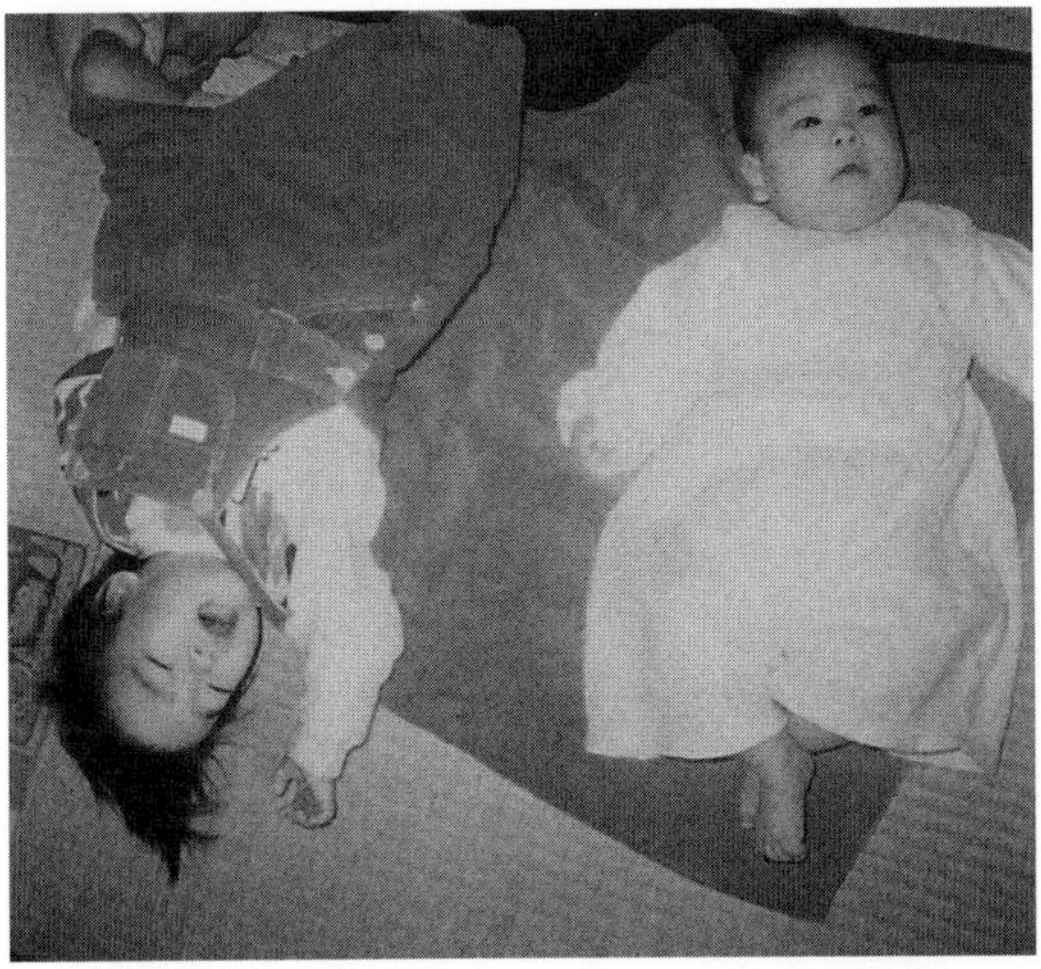
0歳のころの大下さん（右）。左は1歳違いの姉（本人提供）

転機が訪れたのは卒業直前だった。下宿先の姉と電話で話していた際、姉もまた高校生のころ親や信仰について悩み、ストレスで言葉が出なくなって自殺を考えたこともあったと告げた。

思わず大下さんが自分の思いを打ち明けると、姉も昔は2世をやめようと思っていたと話した上で、「私に『親が人生を費やしてきた信仰をどういうものか知りもせず、否定するのはどうか』と言った。それでちゃんと教会について学んだ上で選択しようと思った」と振り返る。

教義を学ぶ研修会に参加する中で、大下さんは両親と旧知の講師と話す場を持ち、両親の昔の様子を聞かせてもらったりもした。第三者の観点で両親の人生を聞きながら、次第に「自分は両親から愛されたくて、寂しさゆえに反発してきた」という隠れた本音に気付かされた。

その後、両親と話し合う機会を持った大下さんは、思いのすべてを伝えると、両親は「本当にごめん」と謝罪。心が不安定な時期もあったが、そのたびごとに両親に思いのうちを受け止められた。「私だけでなく両親も変化し、成長していた」と笑みを浮かべる。

メディアに出演する離教2世たちについて、大下さんは「気持ちが伴わず、信仰を強いられている2世もいるだろう。それは当然の怒りだ」と理解を示す。一方でこう意見を述べる。「自分を育ててくれた親を恨むのは苦しい。だから、親より教会を疑問視した経験は私にもある。もしかしたら、親子問題を政治や宗教の問題にすり替えたい思いがあるのかもしれない。そういった複雑な感情に配慮すべきではないか」

離教して「被害者」に違和感

「家庭連合や信者などの関係者に対する偏見・差別が社会に渦巻いていると感じた。とても普通とは思えず、小さな声だが取り上げてほしい」

東京都在住の木山良亮さん（26、仮名）は、取材に応じた理由について話した。木山さんは教団の信仰をやめた「離教2世」だ。離教に至る経緯などは「話せない」としつつ、「教会を離れ、関係者であることを忘れて生きてきたが、家庭連合がやり玉に挙げられるようになり、関わらざるを得ないことになった」と真剣な口調で話す。

安倍晋三元首相の暗殺事件が、木山さんに大きな変化を与えた。事件の発生を耳にし、ネットニュースを開いてみると、ハッシュタグの中に「宗教団体」という言葉を発見。ひやりとしたものを感じたという。

その後、「旧統一教会」と名指しで報道されるようになり、現役信者も元信者も含めて、これから社会からどんな扱いを受けていくのかを想像し、「とてもショックだった」という。家庭連合がメディアで「反社団体」など批判的に報じられれば報じられるほど、離教していても「反社」の元関係者と扱われ不利益を被るかもしれない恐れから逃れられなかった。「職場でも教団が話題に上り、それを聞きながら心がつらかった。ばれたらどうなるかと心穏やかでなかった」と声を落とす。家族や知り合いの2世信者の顔も頭に浮かんだ。深く傷ついているのではないかと不安に駆られるあまり、ついには不眠症に陥って職場にも行けなくなった。

実際、知り合いの2世たちの中にも体調を崩したり、不眠症になってしまったケースがあるといい、「教団が解散しても法人格がなくなるだけで大して変わらないという主張はよく聞くが、それだけとは思えない」と懸念する。

衝撃を受けたのは、立憲民主党など野党議員の対応だった。「事件前、私はどちらかというとリベラル寄りの考えで、野党の主張にも共感するところがあった」。ところが、人権を重視すると思っていた議員たちが、家庭連合関係者に「反日」のレッテルを貼り、時には「壺」と侮蔑する姿に思わず脱力した。

次第に「宗教2世」報道が増え、離教した2世たちが被害者と世間で見なされるようになった。しかし、木山さんは一連の報道に納得できていない。その理由を「大多数の宗教2世が抱いている複雑な立場や思いを、まだメディアは扱い切れていない」と語る。

「大抵の2世は教会内に家族がいるし、友人もいる。立場も簡単に教会側とか、反教会側と分けられるものではない。世間は『恨みを教団にぶつければいい』と思うかもしれないが、教会からフェードアウトするまで、ずっと教会の中で生きてきた。どうしても良いことも悪いこともあったという結論に落ち着いてしまう。感情のすべてを教団にぶつけるのはむしろ心が苦しい」

さらに「一番嫌なのは自由がないことだ」と打ち明ける。メディアに登場する「マインドコントロール」などを主張する弁護士やジャーナリストは、「自分たちの意思で信仰している2世たちの存在を絶対に認めようとしない。むしろ『認めるべきでない』という主張をしているのが窮屈に感じる」という。

枠にはめられた「被害者」としての「宗教2世」の人物像や言動を取らなければ、世間から「まだ教会側」「洗脳が解けていない」という烙印を押されてしまう。実際にそういった扱いをされた経験が、木山さんにはあった。「離教していても親と仲のいい2世は知り合いにもたくさんいるが、それを言うことも許さないという圧力を感じる」と深いため息をつく。

現役2世「教団は大企業病」

家庭連合に関する批判報道の中で、離教2世の証言の多くは、「高額献金による貧乏」「教義による非人権的な締め付け」などを指摘し、「教団の解散」しか解決方法がないと叫んでいる。こういった動きを2世信者はどう捉えているのか。

中国地方で暮らす30代会社員の末森勇治さん（仮名）は、両親が信者だが、信仰に関して両親と対立したことはほとんどなく、「新興宗教の家庭と聞くと変な想像をされるかもしれないが、一般的な日本人でも神社に行ったりお寺に行ったりと宗教に関わることは多い。家庭連合もそのうちの一つと変わらない感覚だった」と振り返る。

親から極端に何かを制限された経験もあまりなく、そのため報道やSNSなどで流れる宗教2世の批判を目にしても「自分の家庭と違い過ぎて、教団の責任というより個々の家庭の問題に見える」と困惑の表情を浮かべる。「親にとって宗教だけでなく思想的にも、子供が自分と根本的には違っていてほしくないものだ」。それゆえ、どの家庭にも起こり得る親子の価値観の相違を家庭連合に限定して論じるのは「ナンセンスでは」と首をかしげる。

一方で、末森さんは現在、教団とは距離を置き、行事や活動などには参加していない。理由の一つとして「教団組織が大企業病に犯されていると感じる」と問題点を挙げる。「大企業病」とは一般に、縦割り組織で意思決定が遅い、顧客より上司を優先、社員のモチベーションが低く経済環境の変化に対応できないなどの弊害を指す。

以前、末森さんは教団内で、自主的にイベントを開催しようとしたが、所属教会の教会長が唐突に介入し、うまくいかなかった経験があった。「責任者クラスが上から目線で一方的に指示を出す傾向がある。何かボランティアなどで教会に協力したいと思っても、いろいろダメ出ししたり、要求がエスカレートしたりと、結果的に『脱落』するケースを自分以外に何人か見てきた」と残念がる。

「企業風に言えば、教団がスタートした時のがむしゃらな努力がうまくいってしまい、その時のやり方をいまだ引きずっているイメージだ。時代は変わったのだから、もっと関係性をフラットにし、個々の信者を大切に扱わないと立ち行かない」と懸念を示した。

兵庫県在住の20代男性、塚原望さん（仮名）は中学生のころ、教団の研修会に参加した際に研修の熱血的な指導や雰囲気に反発し、教会から足が遠のいた。所属教会でも教会長が「暴走するタイプ」に見え、10代だった塚原さんは「教会に行きたいと思えない」心境に傾いた。

だが、メディアやネット上に流れる教団への一方的な批判に怒りを隠さない。「確かに生活に制約がなかったとは言えないが、家庭連合のことしか考えられないほど外界と遮断された環境にいたわけでもない。常軌を逸したことはもちろん、信仰の実践を強要されたことだって一度もない」と断言する。

「自分は教会で憲法上の自由が侵害されたと感じたことはない。むしろ報道側が教義と直接関わりのない関連団体すら忌み嫌われるような誘導をしていることこそ、信教の自由が侵されているのではないか」

さらに報道は「『宗教2世は被害者』という構図ありきで、同情というよりも嫌悪感や偏見を助長させる」と危機感を募らせる。

一方、塚原さんは「年齢を問わず信者たちは善悪観のしっかりした人が多い。だが、宗教的な視点に重きを置くあまり、社会や周囲との協調を軽視することがあるのも事実。そこを改善する必要がある」と訴えた。

グレた10代を経て教会長に

安倍晋三元首相が銃撃された事件から3カ月後の2022年10月20日、家庭連合が記者会見をした。何台ものテレビカメラが並ぶ中、20人の2世信者が登壇した。全国各地の教会の責任者に任命されたことが報告された。ここに立った一人が影山権龍さんだ。

「まさに青天のへきれき。予想だにしなかった」。自分の器では到底務まらないというのが率直な気持ちだった。

影山さんは24年7月20日、新潟市で開催した信教の自由をテーマにしたシンポジウムで登壇し、こう話した。

「中高生期、私は反抗期だった。親の信仰に反発し、『宗教』という言葉が嫌いで、神の存在は信じていなかった。親の存在を鬱陶しくも感じていた」

当時、周りの人々が酒やたばこに走り、現実から逃避しようとしているのを目の当たりにした。さらに、中学2年の時、1歳上の親しい先輩が深夜のグラウンドで集団暴行を受けて死亡する事件が起きる中で、「心の中に陰りが生じた」。

「教会に行けば素晴らしい」「神は存在している」「人のために生きることは素晴らしい」「あなたは神の子である」――といった教会で聞く教えと現実のギャップがあまりにも大きく、大学に進むタイミングで、「親と縁を切り、信仰を捨てようと思った」。

そんな中でも、教会の中で、「お兄さん」と慕う2世の先輩には心を許すことができた。すべての悩みを打ち明けると、「苦しかったね、辛かったね、よく耐えてきたね」と思いがけない涙ながらの言葉が返ってきた。なぜ泣くのか尋ねると、「だって権龍は弟じゃないか。弟が苦しかったらその思いは分かち合っていくのは兄弟じゃないか」と。先輩の温かい心に触れて、「凍り付いていた自分の心に少しばかり愛が届く感覚があった」と振り返る。

宗教2世としての葛藤について語る影山権龍氏
（2024年7月20日、新潟市中央区）

先輩の勧めで研修会に参加したが、「ここで掴むものがなければ全部捨てて親と本当に縁を切る」ぐらいの気持ちはあったという。メディアでバッシングを受け、ネットを開けば誹謗中傷の中にある。親はなぜこの家庭連合の信仰を持っているんだろうか。何か間違ってきたんじゃないか——。

研修会中、山で祈った時に、「自分も苦しかったけど親も苦しかった」ことを痛感し、「愛してる。おまえのことをずっと愛してきた」という「神の声」を感じたという。積年の疑問に対する答えを得た瞬間だった。

同じような2世信者は多いと影山さんは指摘する。「宗教2世＝信仰強要、虐待というネガティブイメージが刷り込まれていて、まるで自分たちも被害者の一人になっているのが世のイメージ」だが、「むしろ前向きに意志をもって信仰している2世が多くいることを訴えていきたい」と話す。

影山さんは現在、老若男女の幅広い年齢層を相手に教会長を務めている。安倍元首相の襲撃事件をきっかけに、末端の信者の声が反映されにくい体制だったことが浮き彫りになった。「これまで主体性・創造性をもってやっていなかった。末端の信徒の声が反映されるような教会運営が必要だ」と決意。「教会は信徒を支える組織であるべきで、教会運営の主人公は信徒一人一人」との信念から運営委員会を立ち上げた。

シンポジウムに参加していた年配の信者は、教会長が若返ったものの「若い世代が少ない」と嘆いた。日本は少子高齢化社会を迎えているが、家庭連合の信者構成も例外ではないようだ。影山さんは、「日本の宗教界全体に信仰継承の課題がある。先輩が築いた伝統を相続しながら、2世にバトンを渡していける教会になれるかが課題」と強い問題意識を持つ。

若手がありのままの姿を発信

家庭連合は2009年のいわゆる「コンプライアンス宣言」以降、組織改革の一つとして取り組んでいるのが、情報発信による組織の「見える化」(透明化)だ。

関東周辺の若手信者たちが中心となって21年12月から始め、公式LINEなどを通じて配信中の動画『SEISYUN TV』(青春TV)はその試みの一つ。

「教団内外に対して映像で情報発信できるコンテンツを、2世など若い信者の視点から発信したい」

「青春TV」の公開収録では音楽パフォーマンスも行われた（2024年9月29日、東京都）

『青春TV』の企画担当者で、首都圏で2世など若い信者を担当する「成和部長」の藤岡俊之さんはそう語る。番組の企画・制作は首都圏各地の有志が担当。番組は主に「特番」と「定期配信」の2種類で、当初は限定公開だったが、現在はユーチューブでも自由に視聴できる。

当初は教団内コンテンツとして始まったが、安倍元首相暗殺事件以降、内容はより2世の本音や教会改革などをクローズアップ。藤岡さんたちは、カルト的な団体の特徴の一つとして「閉鎖性がイメージの一つに挙げられやすいのならば、どのような団体なのかを発信していく」と考えた。そのためには「触れるのを避けてきた『負の部分』にもスポットを当てる取り組みをしている」という。

定期配信の内容には、過料裁判など教団に関する時事ニュースの解説、2世信者本人が語る生い立ちのエピソード、国際結婚の家庭や養子縁組を通じて育った2世たちが登場している。

また特番では、教会改革をテーマにした企画も実施した。24年10月まで3回放送された「成和部リニューアル会議」という番組は、2世信者たちからアンケートを募集し、内容を公開するものだ。3月に放送された回では、公式LINEを通じて行われた所属教会に対して改善策などを求めるアンケート調査が行われ、233件の回答が寄せられた。

回答結果には「(教会に)活気がある」という前向きな意見もあるものの「頑張って活動しないと存在価値を認めてもらえない」「教育の考えが古く、押さえ付ける雰囲気が強い」といった意見も。

ゲストとして招かれた各教会の青年スタッフなどからは「居心地の悪く感じる雰囲気を作ってしまっているかもしれない」という反省の言葉や、「ほかの教会の雰囲気を学んでみたい」という声も上がった。これらの意見は現場にフィードバックされ、改善材料につなげているという。

24年からは動画の一般公開を徐々に進めており、公式チャンネルの登録者数も倍に増えた。最初はユーチューブに公式チャンネル、次いでX(旧ツイッター)を始めるなど、反応を確認しながら進めている状況だという。9月28日には一般メディアも招いた公開収録も実施された。

藤岡さんは「一般公開を進めつつ、家庭連合の信者たちが普通の人間であることを伝えていければいいと思う。顔が見えないと恐怖に感じてしまう。イメージを一方的に作られたくないのなら、情報発信にチャレンジし続けていかねばならない」と指摘する。

番組の司会などに出演している今中華奈さん（28）は、22年ごろ、制作スタッフの一人として誘われ、参加したという。「信仰は苦しみながらやるものではない。もし苦しいなら、そのことを共有していきたいという思いがあった」と振り返る。

今中さんはまた、「異性と付き合いたいとか、おしゃれしたいとか、教会内では言いづらいことも、番組を通じて相談できるような環境づくりをしていきたい」と意欲を見せた。

母が着せた「合わない洋服」

家庭連合の2世信者や元2世信者がメディアで取り上げられるようになって、「宗教2世」と言う言葉が盛んに使われるようになった。自分の意思ではなく信者になったり、親が信仰をしていることで不利益を被る否定的なケースで用いられることが多い。

しかし宗教は一般的に親から子へと受け継がれることが多い。家庭教育は人間形成の基礎であり、その根底には大なり小なり宗教的価値観がある。親が熱心な信仰を持つことが、子供たちの虐待に繋がるとする短絡的な見方は、世界の常識からも懸け離れている。

物心つく前から親に教育され信者となった場合でも、成長してから、自分でその信仰を捉え直し、自分のものとして続けるか棄教するか主体的な選択をするケースがほとんどだ。そういう葛藤が人間を成長させるのだ。

カトリック作家、遠藤周作はそのような葛藤を経験し、それを文学的に深めることによって、世界的にも高く評価される文学世界を築き上げた。

遠藤は両親の離婚によって、昭和8（1933）年、母郁子に連れられ中国旧満州の大連から日本に引き揚げ、兵庫県西宮市夙川《しゅくがわ》のカトリック教会近くに住むようになる。伯母の勧めで母がカトリックに入信し、遠藤も教会に通うようになり10歳で受洗する。

これについて遠藤は「正確に語るならば『受けた』というより『受けさせられた』と言ったほうがいい。なぜならそれは私のやむにやまれぬ意志から出た行為ではなかった」と語っている（『合わない洋服』）。

遠藤をカトリックに入信させた母について、妻の遠藤順子は著書『夫・遠藤周作を語る』の中で、その宗教教育はなかなか厳しいものだったと書いている。

「この母がおりませんでしたら、おそらく作家、遠藤周作は存在しなかったであろうと思うような人であったようです。たいへん信仰の深い人で、戦争中も毎日御ミサに行って、憲兵にあとをつけられたり……主人も毎日曜日御ミサに行かないと、ごはんが出なかったそうです」

また「悪戯をしても、成績が悪くても、何も怒られなかったけれど、『それはホーリィでない』って言われるのが、とても子供心にこたえたそうなのです」とも述べている。

遠藤は自分の意志で選んだのではないキリスト教を「合わない洋服」と感じ、何度も脱ぎ棄てようかと悩んだ。それでも結局それを脱ぎ棄てることはできなかった。「私には愛する者が私のためにくれた服を自分に確信と自信がもてる前にぬぎすてることはとてもできなかった」のである。

しかし、このような内的な葛藤は遠藤文学の主題となり、それを基に『沈黙』などの世界的にも評価の高い作品が生まれることになる。

『私の文学』という文章の中で遠藤は述べている。「小説の場合も私にはほとんどこの一つの主題が縦糸となっている。（中略）母が与えてくれたにもかかわらず背丈にあわぬものとの闘いを語りたかったからである」

遠藤はある時から「合わない洋服」をもう脱ごうとは思うまいと決心する。そして「この洋服を自分に合わせる和服にしようと思った」と言う。

この決意の下、遠藤は日本人とキリスト教というテーマに取り組む。それが、厳格な父のイメージを持つキリスト教の神観に対し、母性的な神、「同伴者」としてのイエスという遠藤独自のキリスト教観による作品へと繋がっていった。

遠藤の母のカトリック信仰に基づいた教育は、安倍晋三元首相の暗殺事件後、厚生労働省が急ごしらえした「宗教の信仰等に関係する児童虐待等への対応に関するQ＆A」という宗教差別に繋がる懸念を国内外から指摘されているガイドラインなどからすると、虐待とも言われかねないものだ。しかし、遠藤はその背後に母の愛があることを理解していた。

遠藤の偉業を振り返れば、親から子への信仰の伝達を否定的に捉え、いわゆる宗教2世をただ被害者とのみ捉えることの誤りは明らかだ。真摯な葛藤の中から生まれる創造の芽を摘むようなことがあってはならない。

宗教違っても出会い広がる

「親が大変無理をして献金をしていたことは身に染みている。でも、今の家庭連合は過去の無理な背伸びを反省し、更正している教団であるとも感じている。メディアには平等に報じてほしい」

神奈川県在住の40代主婦、竹内祐子さんは4歳の時、親が家庭連合に入信した。母親は熱心な信者として活動しているが、父親は一時期信仰していたものの、次第に教会に対して反感を抱くようになり、現在は母親の信仰には黙認という状態だ。両親の教団への態度が異なっていたこともあり、どちらかに偏ることなく育ったという竹内さんは「信仰を持つかどうか、大人になってから自分で決めた」と語る。

その一方、メディアで教団批判を繰り返す元2世信者たちの証言に対し、「少し気持ちが分かる」と話す。「私が専門学校生だった頃、親が献金のために寮費を出せず、私のバイト代を充てていた。今は親に恨みはないものの、当時の私は不満だった。その時、私が抱いていた親への恨みのような感情を、どんどん膨らませてしまった人はいると思う」

しかし、殺人に走った山上徹也被告を「正しい」とは全く思えなかった。メディアには事件は許されないとしながらも、被告の「気持ちは分かる」という元信者の2世が現れたが、その考えは変わらない。また、X（旧ツイッター）上で信者である母親への虐待を公言する元2世の投稿を見つけたこともあり、「投稿が真実か分からないが、さすがに間違っている」と憤る。

竹内祐子さんとその家族（本人提供）

昔、母親が教会スタッフから献金を求められたことは耳にしていたが、大人になった自分が献金を強要されたことはなかった。「過去において、さまざまなトラブルはあったのだろう。ただ、世代が替わったことやコンプライアンス宣言の影響もあってか、少なくとも現在、私の周辺では（献金トラブルを）耳にしない」と指摘。普段目にしている教団の姿と世間で報じられる教団像の信じ難い乖離に「訳が分からない」と戸惑う。

「等身大の教団よりも凶悪に書き換えられてしまった。私たちの本当の姿を世間に見てもらいたいし、そういう努力をしなければならない」

竹内さんには中学生の子供もいるが、「一連の騒動をどう受け止めていいか分からないようで、安倍晋三元首相の暗殺事件後は教会から足が遠のいている」と説明する。子供に信仰を押し付けるつもりはないと言う竹内さんだが、「私はこの教えで感動した経験があり、世間から反社と言われようが教会から離れることはない」と断言する。

信仰を持ち、良かったことの一つに「ほかの信仰を持った人たちを、心から受け入れることができたこと」と竹内さんは強調する。ある時、友人が他宗教の信者であることを知った。自分も信仰を打ち明けてからは、以前より深い話ができる間柄になったという。

「お互い信仰を持つ前は、社会に希望を持つことができなかったとか、そういう話をしながら共感し合えることがたくさんあった。ここまでの理解者は普通に生きているだけだと、なかなか見つけられない」

この出会いを通じ、宗教が違っていても世界が広がるという体験をした竹内さんは「宗教的な価値観を持つ人たちが差別や蔑視を受けるような、人権無視の世界が当たり前にならないよう、私も努力したい」と訴える。

信仰と子育て、親も葛藤

信仰する親の下に生まれた子が悩むように、信仰を持つ親もまた、子育てに葛藤を抱えている。家庭連合の2世問題が取り沙汰される中、宗教2世の成長を見詰める親の苦悩を探った。

「2世を育てるのは難しかった」

東京都在住の鈴木平治さん（仮名）はそう打ち明ける。信仰を前提とした結婚式に参加したこともあり、生まれてくる子供は自然と神様や信仰が分かるものだという思い込みがあった。だが、子供の成長と共に「それは違う」と悟ることになる。

家族全員で就寝前に祈りを捧げる生活を送ってきたが、子供たちが物心つくにつれ、だんだんと嫌がるようになった。平治さんは次第に、子供に信仰心を持たせることに心苦しさを感じるようになったという。

「いろんな家庭を見ると、教育方針はばらばらだった。だが、日曜の礼拝で、無理やり教会に連れて来させられている子供たちを見て、そうした行為は親への反発が生まれるだけだと感じ、私たちは信仰を強制することはよそうと決めた」。平治さんはこう明かす。

事実、娘の春音さん（26、仮名）によると、普通の家庭と同じように宗教や信仰について話題がほとんど出ないまま、小学校卒業まで育ったといい、「親から一度も教会に行きなさいと言われたことはなかった」という。

春音さんは教会のスポーツイベントに参加したことを機に教会に足を運ぶようになり、2020年には家庭連合の合同結婚式に参加した。親しい友人にそのことを話したところ、「『本当にそれで幸せなの？　親の信仰の言いなりになってない？』と言われた。自分で選んだと説明したものの、納得してもらえなかったのがショックだった」と顔を曇らせる。

信仰を持つ親がどれだけ子供の意思に配慮したとしても、子供が信仰を選択した場合、周囲の人間からは「信仰の強制」を疑われるのが日本社会の現状だ。

一方で、教会を離れていく2世を数多く見てきたと話すのは母親の佳代さん（仮名）だ。信仰を選ばなかった2世のありのままの思いを受け入れる姿勢が教会側に足りなかったのではないかと指摘する。

「信仰の有無はあれど、わが子が大切な子供であることに変わりはない。でも、自分は信仰を選ばない子に育てたと捉えてしまい、その子の離教を認めるということは、自分が行った子育てを全否定することのようで、受け入れるのが難しいという親の気持ちも分からなくはない」。信仰を持つ親の心の内をこう代弁した。

熱心な信仰と子供への愛情が嚙み合っていなかったことに気付き、親子関係の修復に尽力したケースもある。

今から20年ほど前、群馬県で教会長をしていた大下勝さん（仮名）は、激務のあまり自宅にはほとんど帰らず、教会で寝泊まりする生活を続けていた。自身としては献身的に仕事をしていたつもりだったが、当時高校生だった娘たちが「2世をやめたい」と反発してきたのを機に、「親としての責任が果たせていない。親はもっと子供の心に寄り添わないといけなかった」と気付かされた。

反省した大下さん夫婦は、それまでのマイナスの部分を埋めるつもりで、子供たちの心と向き合った。滞在時間がわずか30分であっても、車で1時間の道のりを厭わず帰宅するようになった。娘から電話がかかってきたときは、夜中の何時であっても電話を取って何時間でも話を聞いた。子供たちとの接し方を変える中で、もともと性格が異なり、意見が衝突しがちだった夫婦の関係性も良好になっていったという。

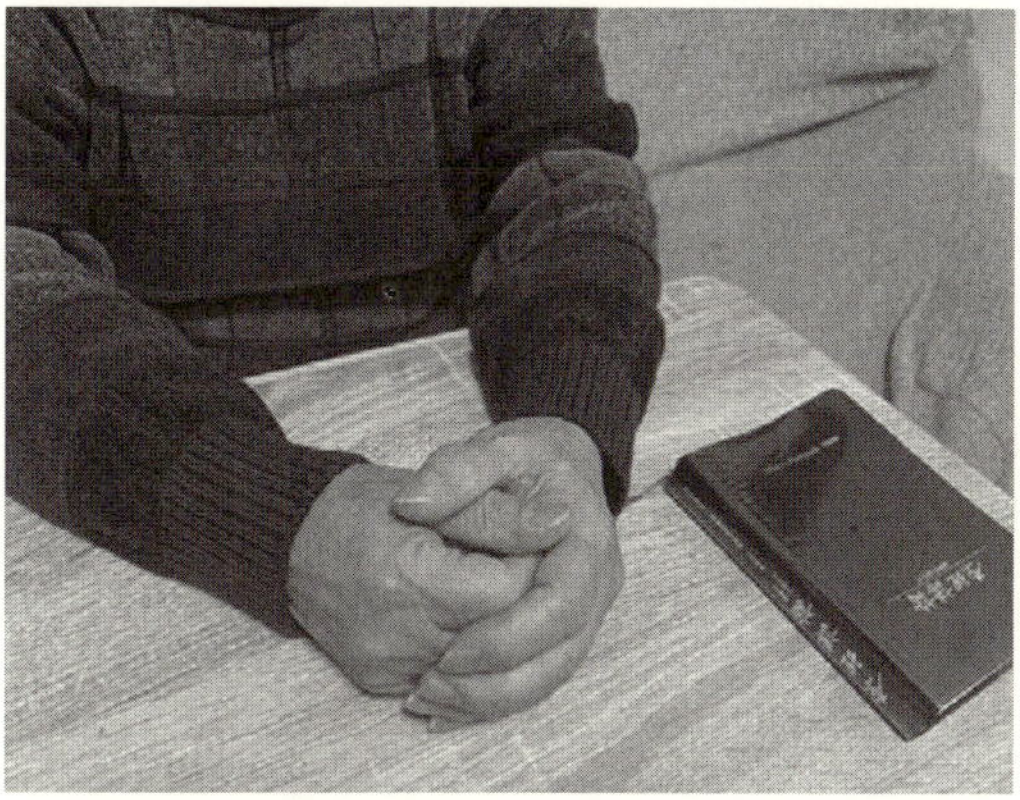

子供への信仰継承について語る鈴木平治さん（仮名）

今では子供たちは全員、信仰を持っており、孫も生まれている。「冗談じゃなく、うちの子供たちは世界で一番だ」と語る大下さん。しかし、一方で「20年ぐらいはそうじゃなかったのは本当に申し訳なかった」とうつむいた。

宗教2世は自由を奪われたのか

「宗教団体等によって、『宗教等2世』は、・宗教選択の自由を奪われ・恋愛、婚姻の自由を奪われ・進学、就職の自由を奪われ・その結果、成人後の人生を含む全人生において、全人格を奪われた」

全国霊感商法対策弁護士連絡会（全国弁連）が2024年9月21日に発した声明「旧統一教会の被害救済のため法整備求める」の中で示した一文は、マスコミで報道される「宗教2世」のイメージを端的に表していると言えよう。だが、信仰を持った親が子供とともに信仰をするとき、子供の自由を奪い、全人格を奪う——ということになるのだろうか。

学術誌『宗教研究』（2024年9月）に掲載された小島伸之氏（上越教育大学教授）による論文「『宗教2世』と子どもの権利」では、「仮にそれらの悩み・苦しみ・つらさを程度を問わずすべて『人権問題』『社会問題』として問題視」するならば、「行き過ぎである」と指摘している。「信教の自由や親権との深刻な葛藤」を生じさせ、「デリケートな親子関係や人間発達過程の機微を破壊することにも繋がりかねない」というのだ。

また、家庭連合の問題に対するメディアや政治の対応に触れ、「信教の自由の限界をどう画するのか、親子間の信教の自由の葛藤を国家がどの程度どのように調整するのかといった論点についての本質的な議論は、個別的な統一教会問題への迅速な対応ありきという前提によって糊塗されてしまったように思われる」と懸念した。

現役の2世信者はどう受け止めるのか。

池田泰盛さん（左）と牧孝治さん

教会職員を務める埼玉県在住の池田泰盛さん（26）は6年前に専門学校を中退し、今の仕事は誰に言われるでもなく、自分自身で選択した。「もともとトレーニングが好きだったこともあり、専門学校時代はダイエットや体力づくりなどを指導するスポーツトレーナーをやろうと思っていた」と振り返る。

実力があれば経済的にも安定し、クライアントからも尊敬を集められる職業だったが、「心のどこかで、ただ自分の好きなことでなく、もっと大きなもののために生きてみたい思いがあった」と話す。政治の世界にも関心があったが、信仰が「歪んだ社会を良くし、自分の人生の指針となり得る」と感じ、その思いが職業選択に反映されたという。

さらに2世信者の抱える問題について、別の観点からの指摘もある。同じく教会職員で、都内在住の2世信者、牧孝治さん（28）は立場上、さまざまな2世信者たちと接する機会が多い。

「ある2世信者のケースでは、親から信仰を強要され反発しているのだが、既に成人しているものの親の扶養に甘えて生きている」「親には信仰で救われた実感があるので、子供への信仰継承に積極的になりやすいが、子供側も文句を言いつつ結局依存を深めていく」

そのような場合、教会に行く行かないを自分で選択させるため、牧さんはあえて「信仰は強制されてやるものではない。批判だけするのであれば、一度自由にやってみたらいい」と、親離れを勧めている。

だが、中には「『一人で暮らしたら、自分は教会に行かなくなりますよ』と脅しをかけてくる人もいる」といい、「〝信仰〟が親の支援を引き出す〝武器〟になってしまっている」と頭を悩ませる。

宗教は多くの場合、親から子へとその信仰は継承されていくものだが、継承されないことも多くある。その内心の葛藤は親子関係の一部であり、さまざまと言えよう。冒頭の全国弁連声明文のように、宗教2世を画一的に被害者と見るのは極論であり弊害も大きい。

第6章

宗教者の声

反共活動への取り組み評価　—— つきしろキリスト教会　砂川竜一牧師

沖縄県庁前で常日ごろ、単身で街頭演説している男性がいる。沖縄本島南部、南城市のつきしろキリスト教会の砂川竜一牧師だ。米軍基地の移設を巡る最高裁判決を守ろうとしない玉城デニー知事は辞任すべきだと主張。子供を不幸にする最大の要因は親のギャンブル依存症であるとし、２０２２年４月の南城市議選に初出馬するなど、牧師でありながら政治に強い関心を持つ個性派だ。

砂川氏は、世界平和統一家庭連合（旧統一教会、家庭連合）に解散命令請求が出されたことに強い怒りを覚え、声を上げる。なぜメディアがここまで家庭連合を敵視するのか。安倍晋三元首相と家庭連合の関係については、「事実関係を見聞きする限り何の不適切な関係もない」とした上で、「『統一教会が悪いから、安倍総理が暗殺された』とする世論のミスリード」があるとの認識を示した。

「旧統一教会が岸信介元首相や自民党の人たちと関係が近いのは、教祖の文鮮明師が共産主義と戦うフロントランナーだったことを見れば当然のことだ」と指摘。その上で、「神を否定する悪魔のような共産主義に真っ向から立ち向かってきた唯一の宗教団体」と家庭連合の役割を評価する。

砂川氏は24年11月3日、那覇市で開かれた信教の自由がテーマのシンポジウムでこう述べた。

「ヨハネによる福音書8章44節には『悪魔は嘘つきである。悪魔は人殺しである。そして悪魔は嘘つきの父である』とある。反共活動に取り組んでいる勝共連合とそれを支える旧統一教会は悪魔の敵だ。であるならば、我々も味方していかなければならない」

砂川氏は家庭連合の改革の取り組みを評価。「過去には高額献金や霊感商法などの問題があったかもしれないが、改革をして変わっていく姿勢が何より大切だ」と述べ、「（名称が）家庭連合に変わったように、さらに神に喜ばれるような団体になっていってもらいたい」とエールを送る。

砂川竜一牧師

家庭連合は２００９年、コンプライアンス宣言を公表して以来、経済状況に反しての過度な献金が抑制されている。砂川氏は、「家庭を大切にする団体に変わってきているにもかかわらず、その点には一切触れず、昔の悪評のみを持ち出して断罪し続ける言論空間は危うい」と感じている。

そうした中でも政府は23年12月、被害者救済特例法を制定した。今後、家庭連合以外の宗教団体でも信者の家族から献金返還要求が出てくることが予想される。「元信者が心境の変化などで、過去の献金の返還を要求する心理は理解できなくはない。しかし、何の被害も受けていない家族や親戚が弁護士と一緒になり、被害者を装って訴え、お金を巻き上げる『被害者ビジネス』のような組織犯罪が横行し始めている」と危惧を示した。

日本の宗教法人制度については、「税制上の優遇措置などを見ても、宗教法人はある意味最も強い組織」であるが、こうした制度を逆手に取り、「あまたの脱税のための宗教団体が存在している」ことを問題視する。

「信仰とは本来、信者やその家族、地域に益をもたらすものであり、特定の組織や政治団体が得をするための会員制クラブであってはならない。法人の内部が聖域と化し、違法行為が横行しないよう、全ての宗教法人を国がある程度監査できる状態にしておくことは、今後必要ではないか」

砂川氏は宗教法人を巡る制度面の見直しも指摘した。

国と個人をつなぐ宗教の自由 ── 聴行庵住職 東 和空師

家庭連合に対して政府が行った解散命令請求の問題について聴行庵住職の東和空氏が寄稿した。

まず、私は一人の仏教徒として、ある意味で報道が宗教の個々人の信仰を軽視して、機を見てこれまでの団体の問題を一足飛びに飛び越えて広げていったことに真偽の疑問を感じながら、今まではその事実関係も知らずして無責任に意見しないように意識していました。その上で、この一連の政権手続きが、宗教法人に対する政治的意図として見え隠れするのは、何か「自由」という崇高な神仏の人間社会への計らいにこれが抗っていないかと一抹の畏《おそ》ろしさを感じました。

ひがし・わこう　1964年、山口県下関市生まれ。聴行庵住職

＊　＊

例えば、時の政権が臨時国会や衆参補選を控えた時期に請求したタイミングや、教団への毅然とした姿勢を示す狙いがなかったかなどの政治的意図を感じました。また、解散命令の可否は刑事事件の存在が基準の一つと考える方法がありましたが、民法の直接適用によって、その宗教団体の違法性を際立たせることで解散請求につなげたいと考える理論もあるように見えます。

そして、政治による宗教の軽視とも取られかねないような宗教法人審議会の非公開や議事録の非開示についても、日本の宗教教師約65万人を前にして無防備な性善説で成り立っている宗教法人としての適格性を問われる判断の経緯や理由を明確にしておかなければ、後々に却って宗教の印象的不信感は拭えなくなるでしょう。そのために、この一連の審議や国民の関心において、「信教の自由」という大原則を民主的な統制を十分に利かせて透明性をもって行われることを願ってやみません。

さて、仏教の教えで「自由」とは、自ずからに由るということです。外の社会環境と関係を持ちながら、それに振り回されない生き方、「自己の信念」が確立した状態を言います。本来、自由であるのですが、自分や他人、周りの環境等にとらわれ、片寄り、こだわってしまい、苦しんでしまいます。そういった中、今回の一連の現代社会の宗教に対する国の対応は、私たちの幸福を追求する自由に大きなメッセージを残しました。

国と個人を円滑につなぐ役割として存在してきた宗教に人間の精神活動の自由があったのか、国は思想・良心の自由、信教の自由を侮っていなかったのか、報道が表現の自由、学問の自由に権力を求めていなかったのか、人間の理想や幸福は、自由な個人が自らの可能性を社会の中で最大化できることと知りながら理想と現実のこのとてつもない落差が、日本人の幸福度を大きく引き下げていることを僧職者の一人として反省しております。

もし、この閉塞感や気を宗教の働き掛けで解放できるとするならば、収入や物質的豊かさ以外で幸福度を上げることですが、社会全体の自由度、寛容さ、腐敗のなさなどが大きな要因と考えます。とりわけ近代社会の個人化と個人の宗教化が進展し変化し続けていることを観察すると、思いやりのある自由と個人の幸福が直結してきていることに気が付きます。

個人の自由には他人に承認されている自由であるか、双方が傷つかない自由であるか、国益につながる自由であるかを観ながら、また社会や組織はその個人意識の自由が社会的自由にパラレルワールドにつながっていることを生き物の縁起全体に気付いていくことが重要であると確信します。

さまざまな利害が増大する無常な活動の混沌性（エントロピー）の生態を神仏が宣ぶる真の自由と秩序を理解するために、私たちは単に多数決で勝ち取るだけでなく、双方が対等な立場で本質的な秩序と国益とに尊厳をもって、ゆっくりと和解して治まることを祈っております。至心合掌。

日本基督教団、組織的に脱会工作 ―― 独立系ユーチューバー牧師 岩本龍弘氏

愛知県在住で元日本基督教団牧師、現在は独立系ユーチューバー牧師の岩本龍弘氏は2018年、「日本基督教団：左翼の温床」というタイトルの動画をユーチューブに公開し、日本基督教団が左翼の活動家の温床であることを暴露した。

公開当時はまったく反響がなかったが、24年3月中旬に、この動画を編集してSNSに投

稿したいという申し出があった。信教の自由を守るために活動をしているという人物から、家庭連合の関係者も使いたいので許可してほしいという話だった。

「この動画がきっかけで、数多くの家庭連合の信者たちがXをフォローしてくれたり、動画チャンネル登録をしてくれたりするようになった。特に、知り合ったばかりの家庭連合の方々が『ドラゴン牧師』とチャンネル命名してくださり、親しく交流している。聖書のお話をすることなどを通して、少しでも慰めと励ましを提供することができれば幸いであると思っている」

家庭連合との関わりについてこう述べる岩本氏は、日本基督教団の牧師を務めていた当時は、旧統一教会、エホバの証人、モルモン教は異端であるという認識を持っており、脱会工作についてもレクチャーを受けていて知っていた。

「新任教師オリエンテーションの講師の一人が（反統一教会急先鋒の）浅見定雄氏だったので、家庭連合信者に対する脱会活動についての話も一通り聞いていた」

当時は「保護説得」と認識し、「牧師たちが無償のボランティアで活動していると思い込んでいた」。ところが、知り合いになった家庭連合信者から、12年5カ月もの長期間にわたって監禁されていた信者がいたことや、牧師らがそれで多額の謝礼を受け取っていたことも知った。

「自分でもいろいろと調べてみて、家庭連合に関する悪評のほとんどがでっち上げだと確信することができた」

いわゆる脱会屋が暗躍することで、「すでにエホバの証人の信者たちに対する宗教へイトや暴力が増加したことが指摘されている」と述べ、宗教へイトや宗教差別が固定化されることに懸念を示す。

拉致監禁・強制棄教によって家庭連合の信者の多くが複雑性PTSD（心的外傷後ストレス障害）を発症したり、うつ病に罹患したり、自殺したりしていることも知るようになった。「極めて深刻で重大な問題だ。拉致監禁・強制棄教を教唆した牧師や弁護士を世間に野放しにしておいてはならない」と訴える。

独立系牧師・岩本龍弘氏

岩本氏にとっては、自民党による家庭連合との関係断絶、解散命令請求のいずれも「宗教迫害」だ。「政教分離の原則は本来、特定の宗教団体が政府から特権を得ることを禁止しているのであって、宗教団体が政治家に働き掛けることを禁止しているのではない」。こう指摘した上で、解散命令請求については、「政府が踏み込んではいけない信仰の領域に踏み込んでいる」ことを問題視する。

岩本氏が日本基督教団からの脱会を決意したの

は、同教団が左翼の温床であると気付いたのがきっかけだ。「2015年に平和安全法制が国会で審議されていた当時、SEALDs（シールズ）というクリスチャンの学生グループがマスコミでも取り上げられた。この時、社会派だけでなく教会派の牧師たちも学生運動を称賛するようになっているのを目の当たりにした。平和安全法制に反対する人たちが、意図的に虚偽の情報を流しながら、安倍政権を非難していることに気付いた」

こうした左翼系牧師らが家庭連合の解散命令を後押ししている事実から目を背けてはいけない、と岩本氏は動画配信や家庭連合の信者が主催する講演会などで訴えている。

「宗教は危ない」偏見に懸念―憤る在日イスラム教徒ら

名古屋市在住の自営業セイエド・サジャード・シャーさん（67）は、イスラム教のマイノリティーグループ、アフマディーヤの信者だ。日本アハマディア・ムスリム協会に所属する。出身地のパキスタンで、シャーさんは医師の家庭に生まれ育ち、将来が有望視されたが、高校のクラスでただ一人のアフマディーヤ信者として差別された。信仰による差別に困惑した親と本人は、退学という苦渋の選択をした。それだけに、宗教迫害や信教の自由に対する思いは人一倍強い。

シャーさんは1984年に日本に移住し、同協会本部が東京から名古屋に移った80年代当時から深く関わっている熱心な信者。同協会は現在は500人を超える信者を抱えるが、安倍晋三元首相銃撃事件で起きた家庭連合への批判報道、政府による解散命令請求などの動きに懸念を強めている。

「信教の自由を奪うことはイスラムの教えにはない。賢い宗教者が政府に説明すべきだ」と訴えるシャーさんは、宗教に対してネガティブな感情が国民に広まったのは「宗教に対する教育や知識が不足しているから起こっている」との見解を示した。

また、家庭連合は経済状況に見合わない過度な献金が問題視されたが、「アフマディーヤは献金や喜捨は自由意思が前提で、献金がいくら集まってどう使われるのか、すべて記録され、明細が信者に示される。誰も横領する余地がないから、信者は安心しているし満足している」と話す。

インタビューに答えるセイエド・サジャード・シャーさん

シャーさんの紹介で、同協会日本本部長で主任宣教師のアニース・アハマド・ナディーム師が2024年10月5日、名古屋市で開かれた家庭連合の信者らが主催した「宗教の和合・平和統一への道を築く愛知県大会」に参加した。来賓あいさつをしたナディーム師は、「信教の自由は誰にも奪う権利はない」と訴えた。

同月14日には、大阪市のホールで同様の大会、「信仰の価値を未来に紡ぐＯＮＥ　ＯＳＡＫＡ10・14」が開かれた。元プロレスラーで政治家だった故アントニオ猪木氏と生前、親交のあった宗教評論家でジャーナリストのフマユン・ムガール氏は、猪木氏を彷彿させるスーツ姿に赤いショール姿で基調講演を行い、「信仰の自由、魂の自由、心の自由があって初めて人は幸せを感じる」と説いた。

イスラム教スンニ派の信仰を持つムガール氏は40年前にパキスタンから早稲田大学に留学した。在日パキスタン大使館や外務省での通訳の経験を踏まえ、イスラム文化研究会を主宰している。長年の日本での生活だが、文化の違い、習慣の違いを痛感してきた。

「今、九州にイスラム墓地を作ろうとしているが、住民の反対があって一向に許可が下りない。日本に存在するムスリム用の土葬が可能な墓地は7カ所しかなく、中国・四国・九州地方には1カ所も存在しない」

加えて、国民の多くに「イスラム教＝アルカイーダ（過激派）」の固定概念があり、宗教は変だ、危ないという偏見があるのだと嘆いた。家庭連合に対する世論のバッシングについても、「マスコミによって既成概念、固定概念が作られてしまっている」ところに問題があると指摘した。

また、政府の家庭連合への解散命令請求はイスラム教徒に影響を与えるものとして懸念。

「宗教について政治が判断してはいけない」と憤る。

「他の新興宗教もそうだが、すでにイスラム団体は公安からマークされている。だから、何かあったらすぐ解散命令が出される可能性は高い。もし家庭連合の解散事例ができたら、次から次へと障害が出る」

イスラム教徒が自由に信仰しにくくなるだけでなく、日本で暮らしにくくなる悪影響を心配した。

マスコミ・政治の暴走を危惧―各宗派から発言相次ぐ

2023年5月、家庭連合は韓国で国際合同結婚式を開催した。これに先立つ同年2月、国会内で開かれた野党の国対ヒアリングで立憲民主党の山井和則衆院議員は、「合同結婚式までには解散命令請求が出されなければならない。もし遅れたら、合同結婚式を経て生まれた子供たちから『なぜ止めてくれなかったのか』ということになりかねない」と発言。家庭連合の信仰を持つ両親から生まれた2世は存在してはいけないかのような口ぶりだった。

この発言を問題視した茨城県取手市議会議員の細谷典男氏は、24年7月20日に新潟市で家庭連合信者らが開いた「信教の自由と人権を守るシンポジウム新潟県民集会」で講演し、「（ナチス・ドイツの）ヒトラーと同じ全体主義の発想、優生思想」だと批判した。「足手まといになるという理由で身体障害者を殺害し、これが後にホロコースト(国家権力が組織的に行ったユダヤ人大量虐殺)につながった」。こう細谷氏は警鐘を鳴らし、民衆の支持を背景に政権を獲得したナチス同様に看過してはならないと訴えたのである。

同新潟県民集会には多くの宗教宗派から参加があった。良寛和尚の教えを守り継いでいるという男性は危機感を覚えたという。「現代でも、こうしたこと(ホロコースト)が話題に出ること自体が異常だ」と憤った上で、「どんなに批判を受けようと、家庭連合信者が信念をもって信仰を実践していることに感動した」と感想を述べた。

法華宗の住職は、「膨れ上がった民意に対しては法がしっかり抑えるべきなのに、機能していないことを危惧している。弱者が叩かれるままという状態は不健全だ」と述べた。

「息子が2年前に家庭連合に入信したことをきっかけに、家庭連合の教えを学んでいる」という創価学会員の女性は、「家庭連合の本質、教え、活動について、一部だけを見て判断してはいけない」と強調。「学会も批判されているので、集会では勇気をもらった」と話した。

キリスト教系新興宗教で支部長を務めるある牧師は、24年10月14日、大阪市で開かれた同様の集会に参加。「マスコミと左翼が暴走し、法曹界を含め世論が完全に迎合した。全体主義に近い息苦しい空気を感じる」と警戒感を示した。

また、主の羊クリスチャン教会(横浜市)の中川晴久主任牧師も家庭連合信者らが各地で主催する集会に登壇。講演の中で解散命令請求の不当性を訴えている。

家庭連合について25年以上前から異端と見ていた中川牧師は２０１３年のある日、「潰れてしまえ」という思いを秘めながら横浜市の教団施設に牧師であることを伏せて潜入した。繰り返し潜入して信者と触れ合った結果、教団に対する考えが一変したという。

「家庭連合には信者同士のつながり、絆のようなものがあって、とても良い交わりが存在する。信者がお互いに励まし合って、助け合いながら真面目に信仰生活を送っている。そこから家庭連合に対する私の中の問題もほぼ解決した」

中川牧師が関わった教団の人々は皆「社会を良くしたいと思う気概に溢れた人たち」であり、「特に２００９年以降、裁判件数やクレーム件数等は、目に見える形で改善がなされているように思える。その評価が一切されていないのは、むしろ問題だ」と訴えている。

IRFアジアで発言する三宅善信氏（2024年7月22日、東京都千代田区）

国際会議の場で声を上げる宗教家も出てきている。24年7月22日、東京都内で開かれた国際宗教自由サミット（ＩＲＦ）アジアでは、神道国際学会の三宅善信代表理事が解散命令請求問題を取り上げた。

「民主的権力の源泉である国会で、特定の

教団との結び付きを恐れて、国会議員が特定の新興宗教の社会的抹殺にさえも目をつぶってきた。しかも、マスメディアは裁判官の役割を果たしてしまっている」と発言し、大手メディアの「解散ありき」一辺倒の報道に一石を投じている。

異端排除の教えは聖書にない
——キリスト教伝道師 溝田悟士氏

文部科学省が家庭連合に対する解散命令を東京地裁に請求したことに遺憾を表明し、立ち上がったキリスト教徒がいる。松戸六高台聖ステファン礼拝堂（千葉県松戸市）伝道師の溝田悟士《みぞたさとし》氏だ。解散命令を憂慮するネット署名活動を2024年12月に開始すると、25年1月23日時点で1636人が署名。560件を超える応援コメントが寄せられている。

「安倍晋三元総理銃撃事件以降、旧統一教会への批判が急速に高まり、しばしば行き過ぎとも取れるメディア報道が見られるようになりました。ここで私たちは、自らの理性の力によって立ち止まって考えるべき時であると考えます」

署名の説明文では、家庭連合への解散命令請求の動きに対して「憂慮をしていることを宣言」し、「解散命令を認めない」と訴えている。

溝田氏は、キリスト教とは教義体系が違うことを理由に家庭連合を異端視してきた。だが、大学生の時に通っていた教会の牧師が、家庭連合から脱会をさせる活動をしていたことがきっかけで、脱会した信者らと交流する機会があった。その中で、「家庭連合信徒も一般のキリスト教の人たちと同じ愛を実践していることが分かり、複雑な気持ちになった」と振り返る。

聖書には、ユダヤ教徒が「異端者」として扱っていた人々をイエス・キリストが差別せず交流した記述がある。「家庭連合の人たちを異端者であるからと交流を禁じたり、隣人とみなさなかったりすることは、聖書の教えに反する」。溝田氏にとって、家庭連合を排除しようとすることはクリスチャンの精神に反するため、黙っていられないのだ。宗教界には、問題を改めようとしている家庭連合の個々の信徒を信頼し、「善導する（良いほうに導く）義務がある」と訴えている。

解散命令が確定すれば教団の建物を含めた財産没収は免れない。溝田氏はこのシナリオは望まざる結果を招くと危惧する。

「集まるなと言われれば、信者は地下に潜るしかなくなる。社会から排除

みぞた・さとし　松戸六高台聖ステファン礼拝堂伝道師。1976年広島県生まれ。愛知大学修士課程修了後、広島大学大学院総合科学研究科博士課程後期修了。オランダ・ユトレヒト大学言語学研究所客員研究員、広島大学大学院総合科学研究科研究員などを歴任。著書に「『福音書』解読　『復活』物語の言語学」（講談社）。

され、居場所を失うことで、先鋭化・過激化することもあり得る」。だからこそ「団体存続を認めないといけない」と訴えている。

実際、関係断絶宣言の影響で一部の信者はアパート賃貸契約や就職内定が断られるなど人権侵害を受けている。溝田氏は「こんな例を出していいかわからないが」と前置きした上でこう指摘する。「ヤクザが家を持ってはいけないとすると社会がすごく荒廃する。家を持たないヤクザが社会にウロウロしている状況が安全なのか」。

「家庭連合が1964年に宗教法人に認可されて以来、(解散について)何の音沙汰もなかったのに、安倍元首相が亡くなって2年の間で急に解散しろと言うのはひどい仕打ち」だと溝田氏。問題があるのなら、それが分かった時点で指導をするなり何か手を打つべきではなかったのか。警告書面の一つも送らずいきなり潰そうとする政府のやり方は「非常に不可解」で、「まるで執行猶予なしでの死刑宣告」と指摘。「指導監督責任を怠ったのは国だ」と強い口調で批判した。

「2009年のコンプライアンス宣言以来、(家庭連合は)自分たちの活動を反省し続けてきました。私たちが過去の『蛮行』を見て反省を行うように、旧統一教会の人たちも自らの『悪』と向き合い、行いを改め始めている」。署名の説明文では、変わろうとしている家庭連合に対する政府やメディアによるバッシングを「現代の魔女狩り」と表現した。

その上で、家庭連合に対しては厳しい注文を付けている。高額の物販が物議を醸した「霊感商法」については謝罪すべきだと強調した。神社で売られる物品などと比べてもかなり高額で「適正とは言えない」と批判。霊感商法を含め、過去の過ちを総括しなければ家庭連合は再生できないと断言した。

「政府は一線を越えた」――世界平和統一家庭連合 田中富広会長に聞く

宗教法人の解散命令請求の渦中にある家庭連合会長、田中富広氏に2024年11月にインタビューを行った。

＊　＊

――安倍晋三元首相銃撃事件を起こした山上徹也被告が、家庭連合に入信した母親の高額献金が犯行動機になったと供述したと報じられたが、信者の家庭状況が不幸な事件の原因とされていることをどう受け止めているか。

家庭連合の核心は、名前のごとく家庭に大きな焦点を置いている。その意味で、山上被告が家庭の環境ゆえにこのような行為に走ったとすれば、これは実に心痛い。一度も公判は開かれていないので、真の動機はまだ分からないが、家庭の事情ゆえにあのような事件を起こしたということが本当とすれば、われわれ教団としても改めるべき点があったと思う。

ただ、もう2年5カ月経過し、報道された家庭の問題、高額献金に対する恨みが動機ということで、社会の認識は固まってしまっている。これに私は違和感を覚える。例えばお母さんの高額献金から事件が起きるまでに20年以上も時間がある。しかも、教団は5000万円の返金をした。返金は月40万円ずつ14年間続いた。そういう経過をたどりながら、20年後に事件が起きた。本当に教団への恨みから事件に至ったのか。

しかし、教団としては見直さなければいけない領域、あるいは改めていくべき領域もたくさん見えたので、深刻に考えさせられた2年半だ。

――2年半で何を思ったか。

日本の民主主義が壊れ始めたと感じる。信教の自由そのものも崩壊し始めている。これを黙って見過ごす日本社会だということを改めて確認した。

日本では信教の自由も民主主義も与えられたもので、信教の自由とは何か、民主主義とは何か、ということを本当に議論しないままに来てしまった国だと、そのようにも感じる。

――昨年10月に政府が家庭連合に対する宗教法人解散命令を東京地裁に請求した。

不当だと考えている。また、政府はある一線を越えたとも感じる。事件が起きてから家庭連合を取り巻く風景は完全に変わった。連日のように批判的報道の嵐だったので、信徒たちは大変だったと思う。

どこがその発生源だったかといえば、一つしかない。首相の関係断絶宣言だ。岸田文雄首相（当時）が自民党総裁として、「社会的に問題が指摘されている団体とは関係を持たない」

と発言した。首相としてではないが、日本の場合は自民党総裁イコール首相だ。政府の宣言のように国民には届いてしまう。

しかし、「社会的に問題が」と言いながら、何が問題かは一言も言ってない。また、元信者と面会したが、現役の信者と面会したとは聞いてない。ある意味で関係断絶する根拠を他者に委ねた。つまり自分で決断したのではなく、社会が問題があると言うなら関係を断つということだ。では、あらゆる団体にそうしているのか。そうはいかないと思う。

インタビューに応える、世界平和統一家庭連合・田中富広会長

――かつて共同通信とのインタビューの中で、田中会長は家庭に対する配慮が足りていない部分があったという趣旨の発言をした。家庭の重要性を教える教団の中で、なぜそのような状況を生じさせてしまったと考えるか。

どの宗教も草創期はそうかもしれないが、極端に言えば出家だ。いわゆる出家を中心とした宗教的な形態から、時が経って上座部仏教から大乗仏教のように変化する。家庭連合も日本の場合は宗教法人登録から60周年、最初の礼拝を行ってから65周年だ。

家庭的平和、地域的平和、国家的平和、世界的平和というビジョンを掲げながら、その核心的な部分は家庭という教えをいただいてきたが、草創期は多くの先輩たちが海外宣教に向かった。そういう信徒は、家庭より世界の平和という志を強く持って世界に旅立っていく傾向が強かった。このような傾向を持った多くの信徒たちの中では、バランスを保つことができずに家庭に歪みが出てきた面はあっただろう。これからは、世界平和のために注がれてきた信徒たちの情熱をより家庭や氏族に向かわせる必要がある。

それを思うと教団を変革させる重要なポイントであるので、心を痛めている人がいるなら会長として率直にお詫びしなければならないと感じたので、そういう話をした。

信者の拉致監禁は「非道」

――家庭連合の信者が長期間密室に閉じ込められて無理やり脱会させられる、いわゆる拉致監禁・強制棄教問題がある。多くの信者が被害を受けたことをどう考え、対策を講じているか。

会長になって改めて拉致監禁下で棄教を迫られた人が多くいたことを知り驚いている。家庭連合本部の中にも何人もいる。被害者代表格の後藤徹さん（家族から12年5カ月監禁され、解放後起こした民事裁判で勝訴）たちと向き合いながら、報告を受け対策を考えている。

約4300人の被害者のうち3割は教会に戻ってきたが、7割は教会から去った。教団に戻った人も心の傷、家族との関係、今なお続くPTSD（心的外傷後ストレス障害）を含めて苦しみを背負っている。決して拉致監禁以前の状態ではない。

教団に帰ってきた方々が、帰ってこなかった方々を被害者としてシンパシーを感じ、連絡を取り合っているケースもある。この方々は本当に教団を恨んでいるわけではないが、家族と関係を断絶され、引き裂かれ、それを改めて修復しながら今、生きている。この修復の努力はどれほど凄まじかったたか。だから逆に拉致監禁の話は自分が被害を受けていても家の中で親に対して出せない。

ただ言えることは、これは絶対許せない。最初の頃は精神科病院に入れたり、用意されたマンションの一室に力ずくで閉じ込めたりするケースがあった。家族や親族が拉致監禁した瞬間から、どうにもならない悲劇をもたらした。警察に行っても、「家族問題だ」ということで警察は動かなかった。

親が子供を拉致監禁する。親子関係を完璧に断絶させて、棄教を迫る職業的脱会屋など、強制棄教に関わった人たちは、人権問題から見たら一番非道な世界を親たちに指導した。

フランスのパトリシア・デュバル弁護士が国連に提出した意見書で指摘したが、国連の自由権規約人権委員会が3回にわたって日本政府に対し、拉致監禁・強制棄教は信教の自由の侵害であり人権侵害であると通告した。しかし、日本政府は3回とも無視した。世界から見たら異様な状態だ。

——信教の自由の主張について、教団の利益のためだという批判はないか。

チベットやウイグルの問題などで世界の人権活動家は動いているのに、教団が教団だけの人権を叫ぶだけでは通らない。他宗教の信教の自由にも本気で取り組む覚悟をしないといけない。教団がそういうテーマにちゃんと向き合って、関わっていくことを期待されていることも感じている。

——韓国発祥の新興宗教ということもあり、一部マスコミなどは「反日」と批判している。「反共」は社会に知れ渡ったが、「反日」とレッテル貼りされるようになった。これは、われわれの真実を覆い隠してしまった。

今の質問に答えるとしたら、明確に「反日ではない」と言うほかない。（教祖の）文鮮明先生は「国を愛さない者は世界を愛することはできない」とはっきり教えている。日本の家庭連合のビジョンの第1が「為に生きる幸せな家庭」、第2が「地域と共にある教会」、第3が「国と世界のために貢献する家庭連合」だ。

どこから見ても反日という言葉は出てこない。あえて文先生の言説をもって批判するのであれば、日本を愛する親日の言説もたくさんあるので、ちゃんと出してほしいというのが正直な思いだ。

改革は文化を変えること

――政府が解散命令請求を行ったことで、本紙の取材でも周囲から非難されたり差別を受けている信者が少なくない。特に傷ついている2世信者へのメンタルケアを教団が行ってほしいという声もあった。

おそらく傷ついている領域がいろいろあって、どういうメンタルケアがベストか分からないが、やれることはやらなければならない。教団がこの事件以降、遅ればせながら取り組んだのが「認定家庭相談員」だ。教団の研修を受けて１４５０人ぐらい登録しているが、携帯の会員アプリから相談を申し込める体制までつくった。

かつてなら「自分の相談したことが所属先スタッフに報告されるのだったら言わない方がいい」となったかもしれない。今は個人で申し込めるし、誰に相談を受けたいか名前を指定できる。

ただ、心に傷を持ちながら距離を置いている信徒たちから見たら、おそらく一番大切なのは教団の在り方、つまり文化だ。教団の文化が変わってきたことを知ってもらうことが一番の解決の道を提供していく気がしている。

――教団のコンプライアンス宣言は２００９年に出されていたが、改革が徹底していなかったのではないか。

十分でなかったことは認める。家庭に向き合う教会側の姿勢が不足していたことは感じる。そこを教育できなかったことが改革の妨げになったということは言える。

２００９年にコンプライアンス宣言をした。先祖の因縁などで不安を煽って献金させてはいけない、経済状況に比して高額献金をさせてはいけない、ということは何度も指導もしてきた。最初から教団名を名乗る伝道も徹底した。結果として大幅に裁判が減った。コンプライアンス宣言後に最初の献金を捧げた元信者が民事裁判を提起したのは4件で、２０１６年以降は1件も起きていない。

それでも「コンプライアンス宣言を指導していない」とわれわれは文科省から言われている。「コンプライアンスを教育した証拠を示せ」というのが文科省の質問権行使における質問の一つだ。われわれはたくさん証拠を出した。全国会議でのコンプライアンス教育の議題、講義案、全国に流した公文など証拠は全部出した。

――教団改革の進み具合について、進展状況などは調査しているのか。

取り組んでいる柱は二つあり、一つは緊急性を要するものだ。献金を受ける際、借金でしてないか、トラブルが起きる原資ではないか、家庭生活に影響が出ないかなどを確認しながら、教団側も本人側も納得してから納めてもらう。世論からも強く関心を持たれるので、取り組み続けてきた。

献金の受領に関しては本当に変えた。コンプライアンスをしっかり遂行するために、ガイドラインを作り確認を厳格にして受領書を出すなど、改革を進めてきた。

二つ目の柱は、やはり文化が変わらないと未来はないということ。教団の根本的な改革、開かれた教会となる文化だ。一朝一夕にはできないが、大方針としてしっかりと柱を据えて取り組んでいきたい。

今、2世たちが責任者になっている。全国の責任者の3分の1が2世だ。信徒との向き合い方、各家庭での向き合い方、組織運営、会議の進め方、いろいろなものが違う。これが教団の新しい時代の変化だと思う。

TOPIC

日本の信教の自由に「懸念」――ICRF日本委員会講演会

国内外における宗教的偏見や抑圧から人々を守る取り組みを行う有識者団体「国際宗教自由連合」（ICRF）日本委員会（代表＝伊東正一・九州大学名誉教授）は2024年12月8日、巡回講演会「日本の信教の自由と民主主義の危機」を東京都内で開いた。同講演会ではトランプ次期米大統領の宗教顧問を務めるポーラ・ホワイト牧師がビデオメッセージを送り、「日本における信教の自由について、世界中で深刻な懸念を引き起こしている」と訴えた。

＊　＊

ホワイト牧師は、米国務省の信教の自由に関する年次報告書を根拠に、家庭連合が安倍晋三元首相暗殺後、日本で差別的対応を受けていることを憂慮。さらに「国連の勧告によれば、日本政府のガイドラインは、子供に教会に行くよう強く勧める親は児童虐待と見なされる可能性がある」とし、エホバの証人や家庭連合などの宗教団体への迫害の要因になっているとした上で、世界中の学者や専門家が日本に「エホバの証人と統一教会に対する権利侵害をやめるよう求めている」と述べた。

基調講演を行った、イタリアのオンライン宗教専門誌『ビター・ウィンター』ディレクターのマルコ・レスピンティ氏は、信教の自由について「信じるか信じないかの自由だけでなく、それに従って人生を生きる自由でもある」と強調。さらに日本国内での当局の対応について、

「宗教的マイノリティーを『カルト』や『反社会的』組織と呼んで差別するという、危険な道を歩み続けている」と警鐘を鳴らした。

ゲストに招かれた家庭連合の田中富広会長も発言に立ち、「宗教団体への社会的不信感を助長してしまったことに対し、率直にお詫びを申し上げたい」と述べる一方、「この問題が一宗教団体にとどまらず、ひいては民主主義国家の根幹が揺れる問題でもある」と指摘。信教の自由・人権の侵害に危機感を示した。

ICRF日本委員会講演会に寄せて―ポーラ・ホワイト牧師メッセージ

尊敬する指導者の皆様。私はポーラ・ホワイト牧師です。全米信仰諮問委員会の会長であり、ドナルド・トランプ次期大統領の宗教顧問です。

本日は国際宗教自由連合の会合で皆様にお話しできることを光栄に思います。日本国の指導者ならびに国民の皆様にごあいさつを申し上げます。そして、平和のための日米同盟に対する皆様の力強いご支援に感謝いたします。

日本と米国は、アジアと世界の平和を確保する上で、非常に親密で、最も重要な同盟国です。ご存じの通り、ドナルド・トランプ大統領は２０２４年11月5日に2期目の当選を果たしました。

彼は宗教の自由の非常に強力な支持者であり、あらゆる信仰とあらゆる人々の宗教の自由に対する、揺るぎない支持を強めていくでしょう。

トランプ大統領は、安倍首相と非常に親しい間柄でした。彼は世界の独裁国家と闘う日本を導いた、最も勇敢な指導者でありました。私たちは彼の死を悼みます。

宗教の自由は他のすべての自由の基礎となるものです。日本は米国の偉大な同盟国であり、われわれは日本を非常に高く評価しています。

しかし現在、日本は国連の人権宣言の署名国としての、宗教の自由に関する公約を守っていないと考える世界中の著名な指導者たちから、懸念の声が上がっています。

米国国務省の国際信仰の自由室は、2022年と23年の報告書の中で、日本が世界の著名なリーダーであり偉大な自由民主主義国であるにもかかわらず、現在宗教の自由を侵害しているという深刻な疑問を示しました。

米国国務省の特使を務めるラシャド・フセイン大使と、国際信仰の自由室は、この2022年および23年の報告書の日本に関する部分で、日本に対する懸念を表明しました。

2022年の報告書は、パリを拠点とする国連NGOのCAP―LC（良心の自由のための団体と個人の連携）が一連の声明を国連の自由権規約人権委員会に提出したと述べています。この報告書では、安倍元首相の暗殺以降、日本統一教会が日本における不寛容、差別、迫害のキャンペーンの犠牲者になっていると述べています。

同教会は、メディアによる否定的な注目の結果、信者が攻撃、暴行、殺害予告を受けたと述べました。

２０２３年の報告書は、統一教会が刑法に違反していないにもかかわらず、日本政府が教会の解散を請求したことは、これまでの規範から逸脱していると述べています。

今年（24年）４月30日、国連は宗教の自由ならびに人権に関する報告者を通じて国連勧告を発行し、日本が署名している国連の人権宣言ならびに市民的および政治的権利に関する国際規約の順守に関する疑問を呈しました。

国連の勧告によれば、日本政府のガイドラインは、子供に教会に行くよう強く勧める親は児童虐待と見なされる可能性があると述べています。国連の勧告は、これがエホバの証人の信者に対する暴力や身体的攻撃、家庭連合や他の宗教に対する迫害の直接的な原因となっていると述べています。

宗教の自由に関する国連報告者は、マイノリティー宗教に対する宗教の自由の侵害の可能性を調査するために、日本を訪問したいと日本政府に公式に要請しました。しかし、日本国は彼女の要請を受け入れませんでした。

彼女の要求が拒否されたことは国連のウェブサイトに掲載されています。

このことは、日本における宗教の自由について世界中で深刻な懸念を引き起こしています。

私たち米国人は、メディア、政府、法務省の一部が情報を秘匿し、国民に事実を知らせていないことを懸念しています。

岸田首相、外務大臣、裁判所に宛てて、米国の現職下院議員、前職国家元首たち、元米国国務長官、元米国下院議長らから書簡が送られました。

元米国務長官は、これは重要な日米関係に対して、そして日本の人権への取り組みに対する国際的な評価に深刻な影響を及ぼす可能性があると述べました。

世界中の宗教の自由に関する学者や専門家は、宗教指導者や宗教の自由の専門家として、日本に対し、エホバの証人と統一教会・家庭連合に対する権利侵害をやめるよう求めています。

私たちは偉大な同盟国である日本に対し、すべての人々の宗教の自由を守るよう強く求めます。

神が日本を限りなく祝福し、全世界の自由のための日米同盟を祝福しますように。

祝福がありますように。

第7章

世界の中の日本の信教

政治と宗教、結び付く米国――トランプ氏圧勝の背景に

米大統領選の投票日を目前に控えた2024年10月下旬。激戦州の南部ジョージア州アトランタ郊外で開かれた集会に、共和党候補のドナルド・トランプ前大統領を支持するキリスト教牧師が1000人以上集まった。

トランプ氏は同氏の「宗教顧問」であるポーラ・ホワイト牧師との対談で、会場に詰め掛けた牧師たちを「最も重要な人々」と呼び、こう明言した。

「大統領執務室、つまり私と直結することになる」

トランプ氏は政権1期目に宗教指導者との窓口となる「信仰オフィス」をホワイトハウスに設置したが、これを復活させて大統領に直接アクセスできるようにすると約束したのである。

集会の最後には、10人以上の牧師が壇上でトランプ氏を取り囲み、祈りを捧《ささ》げた。この中で、テキサス州のメガチャーチ（巨大教会）を率いるジャック・グラハム牧師はこう祈った。

「トランプ氏を神の言葉と知恵の戦士として育ててくださったことに感謝します。あなたが彼を再び私たちの大統領にお育てになる時、彼に力と知恵と喜びを与えてくださるよう祈ります」

2020年1月、米マイアミのキリスト教会で開かれた集会でポーラ・ホワイト牧師（左）と共に祈りを捧げるトランプ大統領（当時）（UPI）

日本でもし政治家と宗教指導者の間でこのようなやりとりがあったらどうなるか。間違いなく「ズブズブ」の関係だと猛烈なバッシングを浴びるだろう。米政治にキリスト教保守派が大きな影響を及ぼしていることに左派勢力が反発していることは事実だが、政治家が宗教系組織と緊密な関係を持つこと自体を不適切だとする論調はほぼ皆無だ。

トランプ氏がキリスト教と「ズブズブ」である事例は数え切れない。例えば、トランプ氏は「神が創造した性別は男女の二つだ」と、トランスジェンダー思想を宗教的視点から全面否定。左翼勢力のバッシングを恐れず過激なLGBT政策に真っ向から立ち向かう姿勢は、キリスト教徒の支持拡大につながった。

また、トランプ氏が副大統領候補に選んだJ・D・バンス上院議員は敬虔《けいけん》なカトリック教徒。10

月の選挙集会で参加者が「イエスは王だ」と叫ぶと、バンス氏は「その通り。イエスは王だ」と応じ、会場から熱烈な拍手喝采を浴びた。これは、数日前に民主党候補のカマラ・ハリス副大統領が「イエスは主だ」と叫んだキリスト教徒の学生に対し、「あなたは間違った集会にいる」と述べたことを批判する意図もあった。

NBCニュースの大統領選出口調査によると、全体の23％を占めた保守的な白人の福音派キリスト教徒の実に82％がトランプ氏に投票。カトリック教徒も63％が同氏に投じた。キリスト教徒の支持を固めたことがトランプ氏圧勝の大きな要因となったことは間違いない。

「宗教票」に頼ったのは、ハリス氏も同じだ。同氏は黒人教会を積極的に訪問したが、敬虔なキリスト教徒が多い黒人社会の中で、教会は歴史的に民主党の主要な選挙基盤になってきたからだ。

ハリス氏は10月下旬、激戦州の東部ペンシルベニア州フィラデルフィアにある黒人教会の礼拝に出席。幼少期に教会に通った経験を紹介しながら、「そこで聖書の教えと信仰の力を完全に理解した」と強調した。無論、このようなハリス氏の言動を「ズブズブ」と揶揄《やゆ》する声は起きなかった。

これに対し日本では、安倍晋三元首相銃撃事件をきっかけに、世界平和統一家庭連合（旧統一教会、家庭連合）と自民党の関係が糾弾され、同党は関係断絶を宣言した。まるで宗教は政治に一切関与してはならないかのような思潮だ。これは米国の常識からあまりにもかけ離れている。

米国、宗教弾圧に断固対応へ

トランプ次期米政権は中国に強硬路線を取り、貿易や安全保障に加え、人権問題も米中摩擦の焦点になる可能性が高い。中でも火種になりそうなのが、ある一人の人物を巡る対応だ。その人物とは、２０２１年に廃刊になった香港の日刊紙『リンゴ日報』の創業者、黎智英《れいちえい》氏（76）である。

黎氏は新聞報道を通じて中国共産党批判を続けた香港民主派の闘士。20年に香港国家安全維持法（国安法）違反の容疑で逮捕され、すでに4年以上も勾留されている。現在行われている裁判で終身刑が科せられる可能性がある。

トランプ次期米大統領は24年10月、保守派のポッドキャスト番組で、大統領に当選したら黎氏を釈放させられるかとの質問に「１００％イエスだ。非常に簡単だ」と明言した。香港政府トップの李家超《りかちょう》行政長官は、この発言を念頭に「相互尊重が重要だ。地元の内政に干渉すべきではない」と警告するなど、早くも米中間の懸案になりつつある。

米国の保守派が黎氏の釈放を強く求めるのは、同氏の投獄を民主派弾圧の象徴と捉えているからだが、それだけではない。黎氏が敬虔《けいけん》なカトリック教徒で、「宗教弾圧」と受け止めている側面もある。

英国籍の黎氏は、逮捕前に海外に逃れることもできた。だが、同じカトリック教徒の妻が「自分の十字架を背負わなければならない」と後押ししたこともあり、自ら獄中の道を選んだ。

こうした黎氏の信仰や夫婦愛、さらに獄中でわずかな紙と鉛筆を用いてキリストの絵を描いていることがメディアで伝えられ、米国内で共感を集めている。中国の弾圧に信仰で耐えるキリスト教徒を見捨てるという選択肢は、トランプ次期政権にはないだろう。

米国にとって人権擁護は外交の普遍的テーマだが、そこには政権の価値観が反映される。オバマ、バイデン両民主党政権はＬＧＢＴの権利拡大を最重要視したが、トランプ次期政権は信教の自由擁護を人権外交の柱に位置付けると予想される。

その背景には、トランプ氏の支持基盤であるキリスト教福音派がこれを強く求めていることがある。第１次トランプ政権は実際に、世界各地で迫害を受ける宗教の当事者らを集めた国際会議「信教の自由促進ミニストリアル」を２度開催した。

日本政府が信教の自由を重視するトランプ次期政権の人権外交と歩調を合わせられるか極めて疑わしい。家庭連合の解散命令請求を出した日本政府に対し、トランプ氏に近い有力者から批判が相次いでいるからだ。

トランプ氏の「宗教顧問」であるポーラ・ホワイト牧師は24年12月８日、有識者団体「国際宗教自由連合」（ＩＣＲＦ）日本委員会が都内で開いた集会に寄せたビデオメッセージで、米国務省や国連、国連NGOから日本に懸念が表明されていることを指摘し、「偉大な同盟国である日本に対し、すべての人々の宗教の自由を守るよう強く求める」と訴えた。

また、第1次トランプ政権で国際宗教自由大使を務めたサム・ブラウンバック氏は同年2月、世界日報のインタビューに「旧統一教会は長年、共産主義と戦ってきた。中国は強固な反共の立場である旧統一教会のような団体に反対している。その意味でも、トランプ政権が再び誕生すれば、この問題により積極的に対応するだろう」と述べ、次期米政権は解散命令請求を「重要な懸念事項」として提起するとの見通しを示した。

信教の自由問題は、米中間だけでなく日米間の「トゲ」となる可能性が強まっている。

「政教分離」の真意は自由擁護――ジェファソンの書簡

米国の首都ワシントンから南西に2時間余り車を走らせると、バージニア州中部の緑豊かな学園都市シャーロッツビルに着く。その郊外にある第3代大統領トーマス・ジェファソンの邸宅「モンティチェロ」は、世界遺産に登録され、国内外から多くの観光客が訪れている。

敷地内には美しい庭園が広がり、その一角にジェファソンが眠る墓がある。最も偉大な「建国の父」の一人として数え切れないほどの業績を残したジェファソンだが、墓石には本人が誇りにする業績が三つだけ刻まれている。

一つ目が独立宣言の起草、二つ目がバージニア信教自由法の起草、三つ目がバージニア大学の設立だ。大統領を務めたことよりも、信教の自由を守る法律の制定に貢献したことを誇りに思っていたことは実に興味深い。

米国では長年、キリスト教の伝統や価値観を守ろうとする保守派と、これを左翼思想に置き換えようとするリベラル派による「文化戦争」が続いている。リベラル派は「政教分離」の原則を根拠に、法廷闘争などを通じてキリスト教的要素を社会から削り取る試みを進めてきた。

政教分離論争で必ず登場するのが、ジェファソンが1802年にコネティカット州のダンベリー・バプテスト連盟に送った書簡だ。この中で「教会と国家との間に分離の壁を築いた」と書いたことで、現代ではジェファソンは厳格な政教分離主義者と認知されている。

ジェファソンが「分離の壁」という言葉を用いたのは、この私的な書簡1回だけだ。にもかかわらず、政教分離原則の根拠として裁判の判決に引用されるなど、まるで法律のように扱われている。

だが、書簡全文を読めば分かるが、ジェファソンは「分離の壁」を公共の場から宗教を排除しなければならないという趣旨で言ったわけではない。書簡を送ったバプテスト派は当時、英国国教会が主流のバージニア州などで弾圧を受けており、彼らの信教の自由を全面的に擁護するという意味で書いたのだ。つまり、「分離の壁」の真意は、宗教的マイノリティーを国家から擁護することにあった。

敬虔《けいけん》なキリスト教徒だった初代大統領ジョージ・ワシントンとは対照的に、ジェファソンは建国の指導者の中で最も世俗的だったといわれている。神は最初に自然法則を定めただけで人格的存在ではないとする理神論者で、イエスの処女降誕や奇跡・復活を作り話と見なしていた。それでもジェファソンは「救い主」としてではなく「道徳の模範」としてのイエスの教えには共鳴していた。

米ワシントン、ジェファソン記念館のトーマス・ジェファソン像（UPI）

　ジェファソンは１８０１年から8年間の大統領任期中、公的施設である連邦議会下院で行われていた日曜礼拝に熱心に参加した。最初に出席したのは、「分離の壁」の書簡を書いた2日後である。また、「今まで宗教なしで存在、統治された国家はないし、統治することはできない。私はこの国の大統領として手本を示して支持する姿勢を見せなければならない」と語ったと伝えられている。

　米建国の歴史から、政教分離は国家から信教の自由を擁護するための原則であることが分かる。だが、日本では、宗教は政治に関与してはならないという意味で政教分離の原則が議論される傾向が強い。

家庭連合の関連団体が政治に影響を及ぼそうとしたことが厳しく批判される背後には、政教分離原則の誤った解釈があることは否定できない。

国連調査を拒否する日本政府——イタリア宗教社会学者 マッシモ・イントロヴィニエ氏

日本政府は、家庭連合、エホバの証人などマイノリティー宗教に対する宗教の自由の侵害の可能性を調査する国連報告者、ナジラ・ガネア氏の訪日要請を拒否している。この問題に対するイタリアの宗教社会学者、マッシモ・イントロヴィニエ氏の論文を転載する。

＊　　＊

日本に関して、何か非常に奇妙なことが起きている。国連がエホバの証人や他の宗教的マイノリティーに対する日本の姿勢を批判した後、日本政府は宗教または信条の自由に関する国連特別報告者であるナジラ・ガネア氏の日本への公式訪問を阻止しようとしているようだ。

２０２４年3月28日、同特別報告者は日本への国別訪問を実施したいと公式に要請した。彼女の要請は国連のウェブサイトに公式に掲載されている。

にもかかわらず、訪問は予定されていない。これは日本が同意しなかったことを意味する。

日本は民主主義国家であり、２０１１年に特別報告者に対する継続招待を行った国だが、個々の訪問が実際に行われるには確認が必要である。宗教または信条の自由に関する特別報告者による24年3月の要請の場合には、それが行われなかった。

私は2011年に人種差別、外国人排斥、キリスト教徒や他の宗教の信者に対する不寛容および差別と闘う欧州安全保障協力機構（OSCE）の代表を務めていたので、この手続きについてはよく知っていると付け加えておきたい。

OSCE代表の国別訪問制度は、国連特別報告者が用いた制度を模倣したものである。私は特定の国を訪問する意向を表明したが（その中にはOSCE史上初のバチカン訪問が含まれていたが、これは受け入れられた）、実際にそこに行くにはその国からの特別招待が必要だった。

OSCEや国連の代表者や報告者はどちらも、通常は全体主義国家や非民主主義国家を訪問することはできない。訪問を明確に拒否する国はほとんどない。何かを隠したい者たちが使う戦略は、外交用語で〝fin de non recevoir〟（フランス語で「未受信の終了」の意）と呼ばれるものだ。彼らは単に回答を無期限に延期するのである。

しかし、時には全体主義国家でさえ、面子を保つためにそのような訪問を認めるべきだということを理解している。『Bitter Winter』は、18年6月に要請された新疆訪問を巡って、中国と当時の国連人権高等弁務官ミシェル・バチェレ氏との間で繰り広げられたいたちごっこの物語を報じた。

国際社会からの相当な圧力の後、訪問は22年に実現した。中国は20年と21年に新型コロナウイルス感染症を口実にしたが、18年と19年には新型コロナウイルスによるロックダウンはなかった。

訪問後、報告者は通常、報告書を発表する。バチェレ氏の新疆訪問後、中国は報告書の発表に反対するロビー活動を開始した。バチェレ氏は高等弁務官としての任期終了前日の22年8月31日にようやく報告書を発表した。

中国は「ジェノサイド」という言葉の使用は防ぐことができたが、報告書に「人道に対する罪」が言及されていることに対しては不満を抱いていた。

この最近の前例は極めて重要である。中国でさえ、いつもの駆け引きを続けながらも、国連の高官級人権代表の訪問を認めないことは、否定的な報告をされること以上に、国際的評判という点ではより悪いのだということを最終的に悟ったことを示している。

隠された信者への差別と暴力

なぜ日本は中国よりもさらに悪い国際的立場に自らを置くのであろうか?

もちろんその理由は、ガネア氏が教育に対する権利に関する特別報告者ファリダ・シャヒード氏、意見と表現の自由に対する権利の促進と保護に関する特別報告者アイリーン・カーン氏、平和的集会及び結社の自由に対する権利に関する特別報告者クレマン・ニャレツォシ・

ヴール氏と共に、日本政府を大いに困惑させる書簡に共同署名をしたからである。日本政府は24年6月27日になって、この声明に対して非常に弱い回答を提出した。

報告者たちの書簡は、2022年に安倍晋三元首相が暗殺された後、日本政府が統一教会とエホバの証人の両方（および潜在的に他の宗教団体）を標的とした一連の措置を講じたことを、明確に非難した。暗殺者は、彼の嫌う統一教会に安倍元首相が協力していたため、彼を成敗したかったと主張した。

報告者たちは、一部の措置は「中立性と非差別の原則に反するだけでなく、宗教的または信条的マイノリティーに対する偏見と疑念を助長することになりかねない」と結論付けた。また、標的となったグループに対する辛辣《しんらつ》な批判で知られる反カルト主義者が、規制を起草する際に政府に協力していたことに懸念を示した。

一方、日本政府は東京地方裁判所で、現在は世界平和統一家庭連合と呼ばれている統一教会の解散を求める訴訟を起こしている。日本では、法人解散は死刑宣告に等しい。解散した宗教法人の資産を剥奪し、事実上、通常の活動の継続を不可能にするからだ。著名なフランスの専門弁護士パトリシア・デュバル氏は、この措置は市民的及び政治的権利に関する国際規約に基づく日本の国際的義務に違反していることを立証した。一方で、統一教会の信者だけでなく、エホバの証人の信者に対する差別や身体的暴力も続いている。

これは、彼らが言うように、日本では目に付かないように隠されている。宗教または信条の自由に関する国連特別報告者の訪問は、現在起きていることが受け入れられないことを強調し、多くのＮＧＯや国際的な学者たちによってすでに表明されている非難をさらに強調するであろう。

その訪問中に、日本当局が宗教団体での良い経験を報告した何千人もの人々を無視する一方で、不満を抱く統一教会の元信者の２世だけにインタビューしてきたことが明らかになるかもしれない。彼らはまた、「反社会的」と言われている教会とその友好団体による、地震や津波の後の災害救助などの積極的な社会貢献活動も無視した。訪問では、統一教会の関連団体が資金提供しているセネガルの学校に対するものを含め、海外での日本当局の恣意《しい》的な行動さえ調査されるかもしれない。

もちろん、日本は訪問を拒否し続けることもできる。しかし、日本文化の多くの特徴と豊かな宗教的伝統を高く評価する者として、私は敬意を込めて日本当局に対し、ガネア氏訪問の実現を阻止し続けることは、彼女が訪問中に国内で発言したり、報告書に書いたりすること以上に、日本の評判を悪化させるのだということを示唆したい。

このことは日本を、人権および宗教または信条の自由の重大な侵害者に危険なほど近づけることになる。そこから逃げることはできても隠れることはできない。（オンライン宗教専門誌『ビター・ウィンター』https://bitterwinter.org/ より転載）

「カルト」言説は反宗教

イタリアのオンライン宗教専門誌『ビター・ウィンター』ディレクター、マルコ・レスピンティ氏が国際宗教自由連合（ＩＣＲＦ）日本委員会（代表＝伊東正一・九州大学名誉教授）の招きで、２０２４年12月６日から10日まで、東京はじめ日本の４都市で巡回講演を行った。

信教の自由と人権をテーマにした講演の中で、レスピンティ氏は侮蔑的な意味を持つ「カルト」という言葉は個人、組織、機関または国家が嫌う、自分たちと敵対関係にある団体や個人に向けて使われるとしながら、次のように語った。

「カルトは被害者を支配するために『洗脳』を行っていると非難されるが、この概念は西洋の新宗教運動を研究する大多数の学者、米国などの裁判所によって疑似科学だとして否定されている。メディアで広まっている『反カルト』の言説に対しても、大多数の学者団体は反対する。この事実は日本ではあまり知られていないようだ」

日本で１９９５年、宗教社会学者らが中心となって「日本脱カルト協会」（西田公昭代表理事）が設立され、今も活動を続ける。「カルト」を冠したこの団体のホームページは「カルトは人権侵害の組織」で、「人権侵害の正体を隠すためにマインド・コントロールを用いることが多い」と説明する。

安倍晋三元首相暗殺事件が起きた22年の秋、NHKEテレの宗教番組『こころの時代』は、「問われる宗教と〝カルト〟」をテーマに、宗教学者らによる討論を放送した。その席には、日本脱カルト協会顧問、川島堅二・東北学院大学教授、同じく櫻井義秀・北海道大学大学院教授らが座った。

同席した島薗進・東大名誉教授は「（カルトは）学術用語としてはちょっと使えない」としながらも、討論は家庭連合＝カルトという前提で話が進んだ。カルトとセットで使われることが多い「マインド・コントロール」という言葉も学者たちは口にした。

反家庭連合活動を続ける弁護士グループの弁護士たちも「マインド・コントロール」をよく使う。しかし、米国の新興宗教研究者の権威として知られるゴートン・メルトン氏は約30年前、世界日報の取材に対して「（新興宗教は信者を洗脳していると主張するような）学者はマスコミを利用して洗脳、マインド・コントロールという言葉を広めているが、それは新興宗教を攻撃するための政治的主張にすぎない」と指摘した。

米国には、新興宗教の信者は洗脳・マインド・コントロールの被害者だとして、若者たちを拉致して強制脱会（ディプログラム）させていた団体「カルト警戒網」（CAN）が存在した。しかし、裁判で敗訴し莫大《ばくだい》な損害賠償の支払いを命じられ、1990年後半に破産、解散している。

カルトやマインド・コントロールという言葉は、教団と信者に侮蔑の烙印《らくいん》（スティグマ）

信教の自由の重要性を訴えるマルコ・シスピンティ氏（2024年12月6日、広島市内）

を押し、ひいては強制脱会という深刻な人権侵害を引き起こしてきたため、これらの言葉を使わなくなって久しい欧米と違い、日本ではマスコミだけでなく、著名な宗教学者まで使っている。レスピンティ氏は、この日本の特異性に言及したわけだ。

そして、「反カルト」活動家は、信教の自由を否定しているのではなく、「カルト」のみに反対していると主張するが、「すぐに一般化される」とも警告した。なぜなら、カルト概念は曖昧であることから、「真っ当な宗教」との線引きを誰が行うのかという問題を惹起《じゃっき》するが、必然的にこの言葉が向けられる対象は使用する側が恣意《しい》的に決めることになる。

「彼ら（弁護士たち）のほとんどは社会主義者や共産主義者であり、反共運動で成功を収めていた日本の特定の新宗教、すなわち家庭連合・統一教会を標的にしたかったのだ」とレスピンティ氏。彼らが唯物論者だとすれば、「反カルト」言説の根幹に反宗教主義が潜み、その政治的目的は反宗教社会の実現ということになろう。

TOPIC

国連人権理事会 「宗教2世虐待Q&A」に懸念

厚生労働省が2022年12月に策定、発表し、各都道府県と市町村長に通知した「宗教の信仰等に関係する児童虐待への対応に関するQ&A」（宗教2世虐待Q&A）について、国連人権理事会（UNHRC）の特別報告者4人が、「宗教または信教の自由」「教育の権利」など四つの分野で日本政府に懸念を提起していたことがこのほど明らかになった。

UNHRCの決議によって24年4月に政府に宛てられた通達は、60日間の非公開期間を経てこのほど公開された。通達は、Q&Aがエホバの証人や、他の宗教マイノリティーへの中傷発言を公にしていた「日本脱カルト協会」（西田公昭会長）との協議を重ねる一方、対象となり得る当事者の宗教団体とは一切協議なく策定されたことを指摘している。

またQ&Aが、安倍晋三元首相の暗殺事件を契機に、日本社会で一部宗教団体への「監視とスティグマ（汚名）」が高まる中で策定されたことにも言及。独立した専門家による検討もなく18日間という極めて短期間に策定されたことと併せ、児童の権利をうたう一方で、父母や法定保護者による児童への適切な指導の権利や義務への言及を欠くことのアンバランスも問題視している。

Q&Aの全国への通知に関連して、その後のエホバの証人を標的とした憎悪犯罪の増加にも触れ、総じてQ&Aは「市民的及び政治的権利に関する国際規約（国連人権規約）」など、日本が批准した条約に違反する恐れがあるとして、特別報告者は政府にQ＆Aの再考を促している。政府はこれに対して6月、「留意する」などと回答した。

長崎大学教育学部の池谷和子准教授（憲法、未成年者保護法が専門）も24年2月、このQ＆Aについて、信教の自由を脅かしているとして憂慮していた。

第8章

知られざる信者の強制脱会

マスコミが無視した棄教強要――悪質・巧妙化した拉致監禁

世界平和統一家庭連合（旧統一教会、家庭連合）に関する日本のマスコミがタブー（禁忌）視し、報じてこなかった問題がある。教団信者に対する拉致監禁による棄教強要だ。

「統一教会という犯罪集団に加わって活動することは、親、兄弟はじめ親戚として絶対に許せない。…心おきなく周りに邪魔されずに話し合う場所を別に用意してある。そこでじっくり話し合おう」

1992年6月、母親に呼び出されて実家に帰った小出浩久さん（当時29歳）を親戚20人近くが取り囲んで見据える中、父親がこう切り出した。

医師の小出氏は勤務先の病院職員と約束があり、〝話し合いの場〟に行く前に連絡を取ろうとしたが、皆が「絶対ダメだ」と口を揃《そろ》える。異常な雰囲気に気付いた小出氏はその場を出ようとしたが、「その途端、親戚のうちの男性たちが私に飛びかかり、家から担ぎ出し、外に停めてあったワゴン車に押し込んだ」。

小出氏は医大生だった83年9月に親友の紹介で家庭連合の教理を学び、信仰を持つに至る。88年3月卒業後、研修医を経て90年に都内の病院で働き始めた。

ところが92年6月に前記のように両親と親族によって拉致され、外部と完全に隔離されたマンションの一室（何度も転居）に閉じ込められ、実に2年近くにわたって信仰の放棄を迫られた。その実態をつぶさに明らかにしたのが96年11月初版、２０２３年9月に改訂版が出された『〝人さらい〟からの脱出　違法監禁に二年間耐え抜いた医師の証言』（光言社）。冒頭の記述は、拉致の実態を述べた部分の要約だ。

教団によると、教会員に対する拉致監禁による棄教強要は66年に荻窪栄光教会の森山諭牧師（当時）がはじめ、80年から99年まで20年近く年間80件以上（97年55件を除く）起こるなど、２０２０年まで50年以上にわたり実に４３００件以上起きた。

このうち「7割は教会から去った」（前出・田中富広家庭連合会長インタビュー）という。複数回拉致された人を考慮しても、おびただしい数の人々が拉致監禁を通じて人生行路を変えられ、信仰を保った人たちも心に深い傷を負ってしまった。

この途方もない人権侵害、特に自由権（信教の自由など内心の自由、経済的自由、人身の自由）を踏みにじる蛮行が日本国内で50年以上も続いてきた事実は決して見過ごされてよいものではない。

当初は、信者を教会施設に閉じ込めて数日～1週間ほど牧師が説得するという形式だったが、その後、全国に拡大する中で、拉致監禁・脱会強要を生業《なりわい》とする脱会屋まで登場。手法がだんだん悪質化・巧妙化した。87年冬ごろには、父母教育→拉致監禁→棄教説得・強要→（脱会意思表明）→脱会確認→（監禁が解かれ）リハビリ生活としての拉致監禁説得の手伝い・

家庭連合（旧統一教会）信者に対する拉致監禁件数の推移

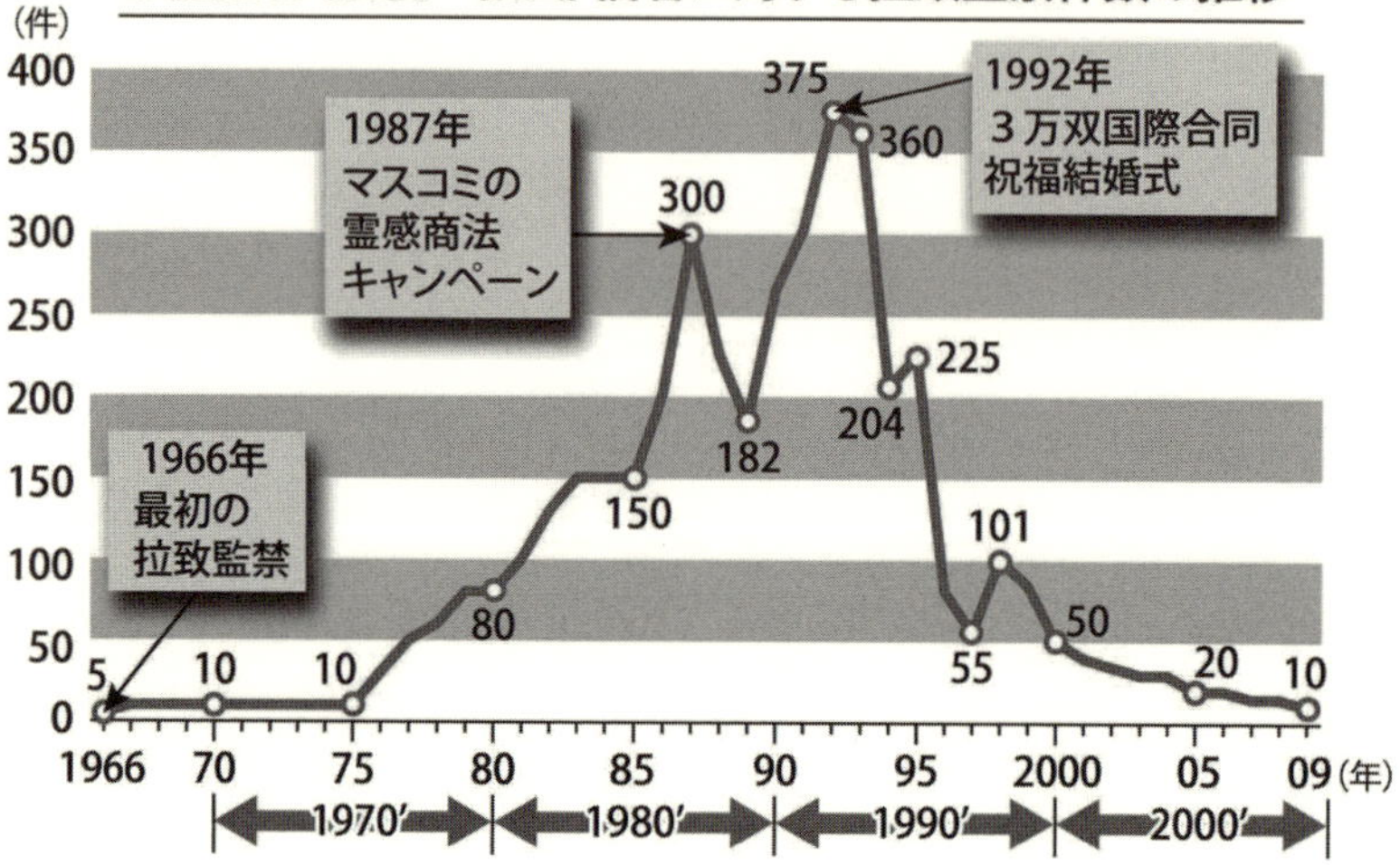

教団訴訟など――という一方通行のシステムがほぼ完成したという。

小出氏は拉致監禁が毎日1件以上のペースで起こった92年（年間最多の375件）に拉致され、2度にわたる「偽装脱会」も含めて、拉致監禁システムのほぼ最終段階まで体験して教団に戻った。

両親と親族を背後で動かしつつ直接棄教強要まで行った脱会屋の宮村峻《たかし》氏、キリスト教牧師の松永堡智《やすとも》氏、彼らに協力する元信者たち、ジャーナリストの有田芳生氏（現、立憲民主党衆院議員）、全国弁連の山口広、紀藤正樹両弁護士たちと監禁時期に直接会って話し、時には行動を共にして、拉致監禁システムの全貌を誰よりもよく知る存在となった。

連日のようにマスコミに顔を出し家庭連合批判の急先鋒《きゅうせんぽう》となったこれらの顔触れが直接関わっているとしたら、彼らに依存したマスコミの腰が引けるのも当然かもしれない。28年前に出版された同書の著者である小出氏が虚偽事実の掲載や名誉毀損《きそん》で訴えられたことは一度もない。

脱会屋が拉致監禁を〝指南〟――自由奪う人権蹂躙

拉致された家庭連合信者は二つの絶望的な状況に直面する。第一にすべての自由が抑圧された監禁の現実だ。医師の小出浩久さんの場合、ドアの取っ手にチェーンが巻き付けられ、窓は固定・目張りされ、生活空間は6畳1間に限られ隣室（6畳）には見張りが常駐。テレビ、ラジオ、新聞もなく、聖書と脱会屋の宮村峻氏が許す書物しか読めない。その閉鎖空間に宮村氏と元信者（知人を含む）が頻繁に訪ねてきて教理、教会、教祖の批判を威圧的に繰り返すのだ。

これに「家族の異常な言動、行動」が加わる。子供を拉致監禁すること自体が異常だが、密室で脱会説得が思い通り進まないと、「感情を高ぶらせ、突然、私に殴る、蹴るの暴行を加えてきた」りする。やっと結んだ約束も一夜にして反故《ほご》にする。

自分を生み育て大学まで通わせてくれた、本来なら最も頼りたい両親から人格を全否定されるのだから、その心痛は如何《いか》ほどか。このような親の異常な言動は小出氏に限ったことではない。もっとひどい仕打ちを受けた場合も少なくない。

実行するのは両親や親族だが、なぜそこまで非人道的なことができるのか。それは、宮村氏や彼と協力する松永堡智牧師などが信者の親族を集めて徹底的な教団批判の教育と拉致監禁の〝指南〟（教唆、幇助《ほうじょ》）を行っていたためだ。

小出氏の両親は１９８４年に自ら森山諭牧師を訪ねて毎週土曜日の勉強会に参加したが中断。しかし森山牧師の下で出会った宮村氏から誘いがあって彼の勉強会に通うようになる。宮村氏は子を思う親の心を巧みに操りながら元信者を通じて「教会は反社会的団体であり、子供たちは悲惨な生活をしている」「騙《だま》された」などと一方的な情報を与え、最終的には母親が「すがりついてもこの人（宮村氏）について行こうと思った」と語るほどの信頼を得るようになる。

そのような信頼の土台の上で拉致監禁による棄教強要のやり方を〝指南〟していたのだ。小出氏の父親は毎日宮村氏に状況を報告・相談し、その指示に従って行動していたのだという。

小出氏自身も2度目の偽装脱会の際に、松永牧師が自らの教会で毎週土曜日の午後6時から3時間行っていた「父母勉強会」の手伝いをしたことを証言している。当時、新潟、長野、山形、富山などから親族が50人も集まり、そこでは教団の活動や教理などを徹底批判するだけでなく、「監禁前や監禁中、脱会説得後に親はどのように子供に接するか、拉致から監禁、監禁後の手ほどきを解説した『対応』」まで教え込むビデオが用意されていたという。

松永牧師の講話や元信者の脱会体験談（監禁説得の〝成果〟）などが語られ、月に1、2

拉致監禁被害について語る小出浩久氏
（2024年1月20日、宮崎市）

小出氏が自身に起きた拉致監禁・棄教強要を綴った手記『〝人さらい〟からの脱出』

回は元信者と親族の相談会もあり、そこで親族は、「統一教会は反社会的な犯罪者集団であり、そこに入った子供も犯罪者なので、子供を救出することは人の親として何より重要なことである」とハッパを掛けられ、拉致監禁しか「（子供を）救い出す」道がないことを説得される。そして、拉致監禁しかないと決意した親族には、拉致・監禁のための具体的な指導、模擬訓練を行う「２ＤＡＹＳ」セミナーまで行っているのだ。

　宮村氏や松永牧師が教団や教祖、教理について自らの信念を語って父母の信頼を得るのは問題ない。しかし彼らは、その信頼の土台の上で、子供の人権（自由）を蹂躙《じゅうりん》し親子の絆をズタズタに切り裂く拉致監禁による棄教強要という犯罪行為を父母や親族に行わせ、犠牲となった「元信者」も次の犯罪行為に加担させている。とんでもない人権蹂躙を繁殖させていたのだ。

立民　公聴会に脱会屋招く――拉致関与で不法認定の宮村氏

拉致監禁下の家庭連合の信者が両親や脱会屋、牧師、元信者などの連日の〝説得〟で教団や教理の〝間違いに気付き〟、脱会意思を表明するに至っても直ちに自由にはならない。脱会意思を確認する何通りもの〝踏み絵〟があるためだ。この過程は「元信者」の人生を反家庭連合の立場で書き換える作業とも言え、この時に重要な役割を果たすのが、マスコミと弁護士だ。

医師の小出浩久氏の場合、松永堡智牧師から①統一原理の間違いの整理②聖書の正しい読み方③親子の信頼関係の回復④被害の回復⑤社会性の回復――などのやるべきことが指示された。この中で特に注目されるのが①④⑤だ。

間違いの整理では、教会批判の急先鋒《せんぽう》である浅見定雄氏の批判書や『マインド・コントロールの恐怖』（恒友出版）などの批判書を読んでの感想文、信仰を持ってからの体験談（神体験、霊的体験など）をまとめ、今はどう思っているかなどを書かされた。

「被害の回復」ではまず「脱会書」を書いて、知っている教会員の名前、所属教会、住所などを書き出す。また統一運動に関わる企業の商品の紹介者名と購入金額をリストアップさせられる。これが、他の信者の脱会工作や家庭連合に対する賠償請求訴訟に使われるのだ。

このような過程を経て、脱会意思を確認した後にやっと親が付き添う外出など、徐々に自由が与えられるようになる。その一方で、本格的な「被害の回復」や「社会性の回復」（リハビリ）が始まるのだ。

この段階で宮村峻氏を介して小出氏を〝取材〟したのがジャーナリストの有田芳生氏（現在、立憲民主党衆院議員）と『週刊文春』の記者だった。１９９３年７月ごろ、彼らは３、４時間インタビューした後、「二人（有田氏と週刊文春の記者）とも、『一年間も閉じ込められていて、よく耐えていられましたね』と言った」という。小出氏が拉致・監禁されていたことを知っていたのだ。これを扱った同誌同年９月16日号の記事は、拉致・監禁について全く触れていない。

有田氏は宮村氏を「子供のように純粋で、自分を飾らず、…」と評するなど昵懇《じっこん》の仲にあることをにじませていたが、実際、２０２２年８月18日、立憲民主党の旧統一教会被害対策本部（本部長、西村智奈美衆院議員）の第７回会合に、有田氏同席の下、「旧統一教会からの脱会を支援してきた宮村峻さん」（同党ＨＰ）として出席させている。

立民は安倍晋三元首相の銃撃犯が家庭連合への恨みに言及したことを受けてマスコミが連日のように報道すると、同本部を立ち上げ、各省庁のヒアリングを進めてきたが、それと並行して同日の宮村氏を皮切りに、元信者やその家族、２世などからのヒアリングを進めていくことにした。そのトップバッターが宮村氏だったのだ。

宮村氏は、95年9月から12年5カ月にわたって監禁され脱会強要された後藤徹氏の民事訴訟（2015年9月29日最高裁決定）において、親族による拉致監禁を「教唆」あるいは「幇助《ほうじょ》」したという不法行為が認められ賠償を命じられている。当然、立民もその事実を知っているはずだ。同党参院議員も務めた有田氏という後ろ盾があったとしても、立民の人権感覚は地に落ちたと言うべきだ。

同本部の石橋通宏参院議員はヒアリング後、記者団に対し「宮村さんから、完全にマインド・コントロールの状態に陥っている中、いかに脱会が難しいかなど、貴重なお話をいただいた」と述べたという。マインド・コントロール論はすでに欧米では否定されて久しいが、拉致監禁の現場では「要するに自分では考えられなくなっているので、自分から脱会は難しい。…強制的に脱会させるのに非常に都合のいい理論」（後藤徹氏）となっている。家庭連合信者の人権を徹底的に無視する主張なのだが、偏向したヒアリングではその事実には目も向けないのだろうか。

宮村氏はまた、93年9月予定の小出氏が弟の結婚式に出席させる条件として「今度放映されるTBSの報道特集に出演し、教会と病院に対して対決姿勢をはっきりと示す」ことを提示。小出氏の了承を得て、9月5日に信濃川の河川敷で録画撮りが行われた（同13日放映）。

その過程でTBSのディレクターは「宮村さんからは統一教会関係のことをいろいろと指

導してもらっている」と語り、撮影後、スタッフは「宮村さんとは、かなり長い付き合いになりますね。…今度宮村さんの特集番組でも作りたいですね」などと宮村氏を持ち上げた。このような宮村氏との持ちつ持たれつの関係がある以上、ＴＢＳが拉致監禁問題を取り上げることなどはとても無理だろう。

全国弁連、脱会屋と協力関係――「拉致」無視は人権の二重基準

宮村峻氏との持ちつ持たれつの関係は全国霊感商法対策弁護士連絡会（全国弁連）の弁護士たちにも見られる。彼らは「被害の回復」を巡って、宮村氏などから元信者の「被害者」を紹介してもらっていた。

９月末、やっと父の送り迎えで松永堡智牧師の教会に通うことが許された小出氏に、宮村氏は同弁連の山口広弁護士と紀藤正樹弁護士を紹介した。最初は「宮村氏に新潟まで行ってほしいと言われたので」新潟の弁護士事務所で会ったが、その後は月１回のペースで東京で会った。

両弁護士は毎回「もう、そろそろ自由に行動させてあげても大丈夫じゃないかな。まあ、そのあたりのことは宮村さんに聞いたほうがいいけどね」と語るなど、小出氏が両親の監視下で生活していたのをよく知っており、宮村氏の役割も十分にわきまえていたようだという。

山口、紀藤両弁護士は宮村氏が家庭連合信者に対する拉致・監禁を教唆・幇助《ほうじょ》していたこ

とを当時、知らなかったわけではない。

同じ全国弁連で山口、紀藤両氏らと一緒に活動していた伊藤芳朗弁護士は、後藤徹氏の裁判に提出されたルポライター米本和広氏の陳述書でインタビューに答え、山口弁護士に「宮村氏のやり方は問題だよ」と言った時、山口氏は「ぼくたちは信者が辞めた後のことに関わればいいから。辞める前のことに一切関わっちゃいけない」と言ったことを伝えている。伊藤氏は、山口氏は宮村氏の拉致監禁説得を知っていたかとの問いに「もちろん！です」と答え、山口氏の返答を「狡《ずる》い」と述べている。

また、伊藤氏は、宮村氏が脱会者の教会に対する返還請求訴訟で億単位の「高額事件を…紀藤正樹弁護士…だけに回」すなど、両者が親密な関係にあったことを証言している。

伊藤氏は「宮村氏の脱会活動が、脱会活動に名を借りた金儲けであり、実態は拉致監禁であり、棄教の強要に過ぎない」として、山口、紀藤両氏などの賛成を得て94年から同氏が全国弁連を辞めた05年まで、弁連から宮村氏を締め出すことができたと証言した。だが、紀藤氏だけは宮村氏と付き合っており、自分が辞めた後、宮村氏は再度全国弁連と関わるようになったようだとも述べている。

全国弁連には、87年に京都で拉致され北海道で脱会屋の戸田実津男氏の鉄格子付きのアパートで監禁された京大卒の信者、吉村正氏に対する人身保護請求に対し、１２２人の弁護団を組んで対抗した郷路征記弁護士もいる。

弁護団の引き延ばしによって吉村氏は止《や》む無く自力で脱出して刑事告訴。戸田氏は「拉致監禁および棄教強要などを行って」きたこと、それが「刑法にも触れるものであること」を認めた謝罪文（88年11月10日付）を書いて刑事処罰を免れたが、郷路氏は一貫して拉致監禁を否定している。

数千人に及ぶ家庭連合信者に対する拉致監禁による棄教強要に対する姿勢は、日本の人権状況を測る指標といえる。

安倍晋三元首相銃撃事件以降、テレビや新聞などマスメディアは、家庭連合に関する報道を繰り返し、政府や各政党も扱ってきたが、献金問題や「宗教2世」問題を大々的に報じる一方で、拉致監禁問題は一部週刊誌の報道や一部国会議員の問題提起を除いて一切扱おうとしなかった。人権問題への明らかなダブルスタンダード（二重基準）と言わざるを得ない。

また、拉致監禁を経て信仰を捨てた元信者の教会に対する提訴や被害申告を政府、政党、マスコミは大きく扱っているが、彼らの主張が生まれた背景に長期にわたる監禁（自由抑圧）があった。そのような異常な過程を経て生まれた主張をそのまま鵜呑《うの》みにすることが果たして適正といえるのだろうか。長期拘束により罪状を自白させる中国や北朝鮮と、何の違いがあるだろうか。こんなことでは、とても人権と民主主義を誇る国家とは言えない。

解散手続きは国際基準に違反─仏人権弁護士が国連に報告

人権問題を専門とするフランスの国際弁護士パトリシア・デュバル氏は2024年9月、国連に報告書を提出、日本政府による家庭連合への解散命令請求は「多くの点で国際人権法に違反しており、基本的な権利・自由を保障するために日本が締結した条約を侵害するもの」として改善を求めた。

デュバル氏は、家庭連合に対する献金の返金請求などを巡る不法行為訴訟は、「拉致と強制棄教（ディプログラミング）」によって教会を離れた元信者らが起こしたものであることを指摘した上で、これらの訴訟が日本政府によって「現在係争中の教会解散手続きを開始するための根拠として使われている」ことを強調した。

国連人権規約の実施を監督する自由権規約人権委員会は、日本政府が「『公共の福祉』に基づいて宗教または信念の自由の権利を違法に制限してきた」として是正を求めてきた。委員会は勧告で、「『公共の福祉』の概念が曖昧かつ無制限」であり、「許容される範囲を超える制限を許す可能性がある」として懸念を示している。だが、デュバル氏によると、日本政府はこれらの勧告を無視し続けてきた。家庭連合の解散命令請求の根拠である宗教法人法には、「『公共の福祉』の侵害」が明記されており、「廃止されるべき」だとしている。

また、安倍晋三元首相暗殺事件を機に、「全国弁連の主導により、旧統一教会に対するメディアの猛攻撃が始まった」と指摘、これを受けて信者らが差別を受け、家庭内暴力を受けたり、離婚されるなどのケースが多発している。

全国弁連が「霊感商法」を盾に家庭連合を非難、それをメディアが報じ、世論が誘導されるという構図が作られた。さらには、「メディアの騒動により、日本政府は教会とのいかなる関係も断つよう圧力を受け、…教会の解散手続きを開始」したと解散命令請求に至る一連の流れを説明している。さらに、裁判所も、メディア、世論からの圧力を受けて「教会にさらに不利な判決を下す」という悪循環が繰り返されてきた。

スイス・ジュネーブで国連報告書について発表するパトリシア・デュバル弁護士（「ビター・ウィンター」ホームページから）

また、解散命令請求の根拠とされている家庭連合を相手取った32件の裁判例について、①裁判所は「精神操作（メンタル・マニピュレーション）」という誤りであることがすでに証明された理論を用いた②献金勧誘行為の違法性判断のために用いた「社会的相当性」という概念は「恣意《しい》的かつ曖昧」――と指摘しており、「曖昧で差別的な概念が、…旧統一教会の伝道の権利を制限」するために利用されているとの見方を示した。

また、家庭連合の信者に対して裁判官の「推定有罪」の意識が非常に強く、信者の主張が裁判官によって無視されていると懸念を示している。

一方で、日本政府が指摘する「宗教または信念を表明する自由」への制限の根拠について、国連の人権規約では「公共の福祉」も「社会的相当性」も含まれてはいないと指摘、日本政府は「自ら署名・批准した国連規約に違反し続けている」と糾弾した。

報告書は、政府が取り組んでいる学校での「反カルト」カウンセリングについても、宗教2世に対する、拉致という暴力を伴わない新しい形の「国家主導のディプログラミング」であると非難している。この問題についても、人権規約に定める「親が自らの信仰に基づき子を教育する権利」を侵害するものとして懸念を表明した。

政府の一連の動きを見る限り、特定の教団を根絶やしにするための国家プロジェクトという感は拭えない。文部科学省による家庭連合への解散命令請求の東京地裁での非公開審理について一部メディアが報じ、元信者と現役信者の証人尋問で「現役信者らは元信者らの主張には虚偽が含まれ」ると主張したという。果たして文科省の恣意的な主張に元信者を利用していないだろうか？　国連規約違反を続けることは、国際社会から宗教弾圧国家と見なされかねないリスクをはらんでいる。

終章

信教の自由が守られるために

政教分離への誤解―反宗教的な世俗主義生む

岸田文雄首相（２０２２年10月当時）の宗教法人法の一夜での解釈変更に象徴される信教の自由の侵害が、民主国家の日本で、なぜこれほどまでに易々と行われてしまうのか。基本的人権を侵害する強制棄教（ディプログラミング）が行われていることにマスメディアはなぜ目をつぶるのか。

日本国憲法で信教の自由は保障されたが、それはいわば与えられた自由であり、西欧諸国のように宗教戦争や迫害の後に勝ち取られたものでないという歴史性や限界があるのは事実だ。しかし、それとともに戦後日本において、政教分離が誤って理解され、極端な世俗主義的風潮を生んでしまったことが大きい。

１９４５年（昭和20年）12月15日、ＧＨＱ（連合国軍総司令部）は「国家神道、神社神道ニ対スル政府ノ保証、支援、保全、監督並ニ弘布ノ廃止ニ関スル件」いわゆる「神道指令」を出す。日本の精神的武装解除を目指すＧＨＱが、日本の軍国主義を支えてきたと見る国家神道の国からの分離を命じたものだ。さらには国家と宗教の完全分離を掲げた。

しかし、ＧＨＱ民間情報教育局（ＣＩＥ）のスタッフで宗教法人法の制定に中心的役割を果たしたＷ・Ｐ・ウッダードは後に、神道指令に欠陥があったことを認めている。「政教分離というよりもむしろ宗教と国家の余りにも極端な分離」を挙げている。こういった事情は宗教学者の大原康男氏の研究によって明らかになっている。

日本国憲法第20条には「信教の自由は、何人に対してもこれを保障する。いかなる宗教団体も、国から特権を受け、又は政治上の権力を行使してはならない」とまず信教の自由が保障され、それに続いていわゆる政教分離原則が掲げられている。国が特定宗教に肩入れするなどし、信教の自由が侵されないことが政教分離の目指すことであるということは、神道指令や新憲法が生まれた経緯からも明らかである。

欧米の政教分離の実態を見ても、政治が宗教と完全に関わりを持ってはいけないということではない。自由と公平性を担保することがその狙いである。

政教分離については、77年（昭和52年）、三重県津市の体育館の起工式で神職への謝礼を公費から出したことが憲法に違反するとして共産党市議が訴えた津地鎮祭訴訟で最高裁が重要な判断を示している。政教分離は「国家が宗教的に中立であることを要求するものではあるが、国家が宗教とのかかわり合いをもつことを全く許さないとするのではなく、宗教とのかかわり合いをもたらす行為の目的及び効果にかんがみ、そのかかわり合いが右の諸条件に照らし相当とされる限度を超えるものと認められる場合にこれを許さないものとすると解すべきである」との判断を示した。

この判決で、憲法の国家と宗教の「完全分離」は明確に否定され、さらに政教分離の目的とするところが国家の宗教的中立、信教の自由であることがはっきりと示された。

しかし、この最高裁判決以後も、左翼勢力による政教分離の徹底を求める訴訟は後を絶たなかった。そんな中で政治や行政が少しでも宗教と関わりを持つと「政教分離違反」と短絡する風潮が生まれた。その結果、反宗教的な極端な世俗主義がまん延していった。世界平和統一家庭連合（旧統一教会、家庭連合）と政治家の結び付きがクローズアップされると、そのこと自体が悪であるという見方が広がった背景には行き過ぎた世俗主義の風潮があった。

本来は信教の自由を守るために掲げられた政教分離の誤った理解とその政治的な利用により、信教の自由が脅かされるというのは皮肉では済まない悲劇である。家庭連合への解散請求問題で瀬戸際に立つ信教の自由を巡る危機の背景には、GHQの場当たり的宗教政策が端緒となり、それを悪用してきた左翼勢力があることに気付くべきである。

宗教の価値否定する最高裁

「2009年にコンプライアンス宣言をした。先祖の因縁などで不安を煽《あお》って献金させてはいけない、経済状況に比して高額献金をさせてはいけない、ということは何度も指導もしてきた」

家庭連合の田中富広会長は、前出のインタビューでこう強調した。その結果、献金を巡る裁判が大幅に減っただけでなく、安倍元首相暗殺事件後は献金の際の確認作業を徹底していることも付け加えた。

そんな中、２０２４年7月、家庭連合の女性信者が教団に献金の返金を求めないとした「念書」を無効と判断した最高裁判決があった。家庭連合側が勝訴した一審と二審の判決を破棄し、審理は東京高裁に差し戻された。

国際宗教自由連合（ICRF）名古屋大会で講演する杉原誠四郎氏（2024年12月9日、名古屋市）

信教の自由や憲法の問題に詳しい国際歴史論戦研究所の杉原誠四郎会長は同年12月9日、名古屋市で開かれた信教の自由がテーマの集会に登壇し、「欺瞞《ぎまん》に満ちた稚拙で政治的なもの」と、この判決を批判した。

その効果が争われた念書は、女性信者が15年、自身が納めた献金について「返金や賠償を求めない」ことを確認するために書かれたもの。なお、この女性は3年前に亡くなっている。

判決文は、「家庭連合の心理的な影響の下」にあり、「冷静に判断することが困難な状態にあったというべきである」としている。特定の宗教を信仰する者は、少なからずその団体の心理的影響下にあることを考えると「非常に乱暴で浅薄な宗教観」だと杉原氏は批判した。

22年12月に制定された「法人等による寄附の不当な勧誘の防止等に関する法律」（不当寄附勧誘防止法）が判決文に引用されている。念書の正当性に疑義を呈する根拠となっている。ただ、女性信者が献金をしたのも念書を書いたのも、同法が制定される前だ。最高裁判決でこれを引用することは、「法学の初歩的原理である遡及《そきゅう》禁止の原則に反している」（杉原氏）。信心に基づく献金は無効であり過去にさかのぼって取り戻せると、司法がお墨付きを与えたようなものだ。杉原氏は、家庭連合バッシングありきで成立した同法と最高裁判決は、「宗教や信仰に価値がないと言っているに等しいものだから、宗教界が声を上げなかったらおかしい。国連に批判の意見を出すべきだ」と主張した。

こうして家庭連合の信教の自由が脅かされている中、信者らは全国各地で信教の自由を訴える集会を開き、さまざまな宗派にも参加を呼び掛けている。家庭連合の解散命令請求の不当性を訴えることに加え、信教の自由のために宗教各派による連帯を強めることを目的としている。

各地の会場では多くの宗教家の姿はあるものの、登壇して声を上げる人は少ない。大阪の集会に参加していた新興宗教の役員の男性は、「（家庭連合の）解散命令請求には反対の立場であるし、連帯している」と言うものの、表立って訴えることはしていないと話した。行動を共にして声を上げれば世論に家庭連合擁護派とレッテル貼りされ、「〝同じ穴の狢《むじな》〟のように言われる」ことを恐れているという。信教の自由に対する危機感を抱きながらも、家庭連合と距離を置いているのが宗教界では多数派となっている。

家庭連合の訴える信教の自由について田中会長は前出のインタビューでこう述べている。

「チベットやウイグルの問題などで世界の人権活動家は動いているのに、教団が教団だけの人権を叫ぶだけでは通らない。他宗教の信教の自由にも本気で取り組む覚悟をしないといけない。教団がそういうテーマにちゃんと向き合って、関わっていくことを期待されていることも感じている」

日本全体の信教の自由を懸けて声を上げ続けることが、信頼を取り戻す重要な一歩となっている。

家庭連合の課題――「救い」と社会貢献の調和を

安倍晋三元首相暗殺事件から2カ月余りたった日曜日の朝、千葉県船橋市内の喫茶店で、高齢者6人グループの間から大きな声が聞こえてきた。

「統一教会の信者さんは皆さんいい人たちだよ。今のテレビ報道はおかしい」

情報ワイドショーを中心に、テレビが家庭連合批判の報道を続ける時期だった。声の主は

70歳前後の男性。発言内容からすると、グループのリーダー格で、何かの縁で信者とかなり交流があるようだった。

残り5人は皆、聞いているだけ。男性の話は、マスコミ報道とのギャップが大きく違和感がある。しかし、家庭連合についての情報はマスコミ報道以外知らないので、口を挟むことができない。男性を除く5人の胸の内を推測すると、そんな状況だった。

それから約1カ月後、毎日新聞は世論調査を公表した。家庭連合の解散命令請求を「すべきだ」と答えた割合は82%で、「必要はない」9%を大きく上回った。この数字を見て、喫茶店での男性の声を思い出した。信者と交流した経験がある人が多ければ、世論調査の結果はかなり違ったものになったのではないか。家庭連合の取材を続ける中で、社会との溝をどう埋めるかがこの教団の課題だと気付かされた。

その一方で、世論調査の数字はマスコミの影響力の強さを示すものだった。新聞・テレビは今年「オールドメディア」とやゆされ、公平な報道から懸け離れた偏向体質が批判されている。中でも、強固な「反共」運動で知られる教団グループに対抗する左派メディアは、教団＝「反社」という世論形成に大きな役割を果たしたと分析できる。教団側は、自らの真の姿を伝える情報発信が足りなかった間隙《かんげき》を突かれた格好だ。

人の救済を扱う宗教の中でも新興宗教は、内向き志向が強くなる傾向がある。〝世俗〟の価値観を基本とするマスコミの「信教の自由」についての理解の浅さは、信仰熱心な信者をより内向きにして、社会との溝を広げることにつながったのだろう。いわゆる「聖」と「俗」の葛藤だ。

〝バッシング〟と言っても過言ではないマスコミ報道の中、信者たちが被害者意識を募らせることには無理からぬものがある。しかし、2世、3世への信仰の継承を考えれば、自らの努力によって社会から信頼を得ていくことは避けて通れない課題である。

家庭連合の田中富広会長によれば、教団のビジョンは①為に生きる幸せな家庭②地域と共にある教会③国と世界のために貢献する――だという。これらのビジョンは、家庭連合は本来、聖域に閉じこもるのではなく地域・国家・世界との関わりを重視する宗教団体だということを意味する。そのことは、友好団体に政治・ボランティア団体があることからも理解できる。

一方で、このビジョンを信者たちが共有し実践していたなら、冒頭で紹介したような声はもっと高くなったのではないかとの疑問が湧く。解散命令請求に「賛成」8割という数字は、信教の自由についてのマスコミと国民の理解度の浅さだけでなく、個人の救いに傾きビジョンの共有が弱かったことも示しているのではないか。教団の反省点の一つだろう。

信者個々人の救いと、教団が目指すビジョンをどう連結させていくのか。今年、宗教法人の認可を受けて60年を迎え世代交代の最中にある家庭連合としての大きな課題だと指摘したい。

日本社会との溝を広げた要因はもう一つ考えられる。教団が韓国生まれという事実だ。いわゆる「反日カルト」という〝烙印〟もここから生まれている。

教祖は韓国人で、故文鮮明師の妻韓鶴子総裁は韓国で健在だが、世界の信者に対し自分の国を愛することの重要性を説いている。その一方で教団や信者個人としては〝聖〟の深化を求め韓国への意識が強くなるのも当然だろう。しかし国家から法人格を与えられている日本の家庭連合は法律遵守《じゅんしゅ》はもちろんのこと、社会発展に寄与するという、世俗的な責務を負っている。田中会長をはじめ教団幹部はこの二つのバランスを取りながら教団ビジョンの実現に向けて信者を指導することが求められているが、過去には信仰熱心さ故に、後者が疎《おろそ》かになっていたことは否定できないのではないか。

オウム真理教が引き起こした凶悪事件は例外として、戦後長らく、わが国で信教の自由という民主主義の根幹に関わるテーマが社会の表面に出ることはほとんどなかった。そんな中、家庭連合の解散命令請求問題は、図らずも信教の自由に対する政治家、マスコミ、世論そして司法の理解の低さを示すものとなっている。と同時に、請求問題によって表面化した世俗との葛藤は、教団組織には社会に開かれた宗教法人への脱皮と、信者には個人の救いと社会貢献をつなげる方向に信仰の深化・普遍化を促しているように見える。

世界日報信教の自由取材班＝石井孝秀、窪田伸雄、竹澤安李紗、武田滋樹、豊田剛、早川俊行、藤橋進、本田隆文、森田清策（50音順）

装丁・DTP 製作　菅野政弘

脅かされる信教の自由
安倍元首相暗殺後の日本

令和7年3月9日　第一刷発行

編　著●世界日報信教の自由取材班

発行所●㈱世界日報社
〒103-0025
東京都中央区日本橋茅場町1-5-2-5階
電話 03（3476）3411 代表
電話 047（314）5715 出版部
FAX 047（314）5709 同上
https://www.worldtimes.co.jp

印　刷●㈱日商印刷

乱丁・落丁本はお取り替え致します。

 ISBN978-4-88201-103-3